戦前政治家の暴走

誤った判断が招いた戦争への道

篠原昌人 著

麻生 久

森 恪

広田弘毅

芙蓉書房出版

はじめに

最近、新聞紙面で時折眼にする言葉に「暴走」がある。

例えば、昨年も押し詰った日に表れたのは次のようだ。

「安倍暴走、靖国参拝」

「中国、尖閣暴走」

尖閣問題は置いておき、安倍総理の靖国神社参拝の方はテレビのニュース速報にも登場した。暮れの一日を賑わせたこの騒動（?）について、ついでながら筆者の考えを述べておこう。

総理大臣が靖国神社を参拝するかどうかは、どうでもよいことだと思っている。まあ、しないよりはした方が好いだろう。肝心なことは、天皇陛下が直接参拝されることである。旧陸海軍は、大元帥たる天皇陛下の軍隊であった。それは名目的な一面があったにせよ、戦没者の慰霊は宗教行為ではなく、天皇の重要な国事行為として行われるべきなのだ。政治家はその実現に向かって努力すべきなのだ。

安倍総理の靖国参拝が「暴走」と批判された理由は、内外の影響を考えず突っ走ったことと言われる。考えたうえでの行動だったとは思うが、周囲の声を聴かず独断専行すれば、今の世の中では暴走と評されても仕方あるまい。ここに独断専行と書いたが、一見悪い意味ととられがちだが本来は決してそうではない。この言葉は軍事用語なのである。陸軍の作戦行動に関する考え方の一つで、現場の判断を尊重するという意味だ。注意したいのは、一般に暴走と評価されてしまった行為についてである。言葉の響きからして、暴走、強行といった語は悪と誰しも思う。けれど本当に悪いことだったかどうかは、時間が必要であり考慮を要することなのである。

歴史の評価というものは、なかなか瞬間的には下せないものだ。短期的に悪く見えても、ゆくゆくは利益をもたらすものもある。反対に当然の手を打ったと思われたものが、積り重なって大変な事態に発展することもあり得よう。

日本国民の誰もが反対だった（と思われた）昭和三十五年の新安保条約は、岸内閣の強行採決によって締結された。現象としては岸総理の暴走だったが、その後五十余年を閲して日本は侵略を受けることなく、海外に派遣された自衛隊は一発の実弾も撃っていない。

共産主義の浸透を防ぐという大義名分で行われたのが、アメリカによるベトナム戦争であった。ケネディ政権以来徐々に介入の度を深めていき、ついにジョンソン政権は北爆に踏み切った。北爆は、パリ和平交渉の間も続き、それはアメリカの暴走に他ならなかった。初期には正当な目的と見られていたものが、結果としては誤りとなってしまったのである。

ことの是非の判断は結局は政治家に求められる。現今話題となっている特定秘密保護法も、戦前のようではなく、適切な解釈、運用が絶対に必要である。

今から思うに、昭和の初め頃の政治家は、明治、大正期よりも一段と見識が求められていた。政治見識が求められたわけは、この時期が評者によっては十五年戦争と言われる時代であり、大東亜戦争への道を辿ったからである。それは確かな歴史の事実であり否定のしようがない。昭和三年に普通選挙が実施された結果、新たな有権者の拡大で新しい政治家も生まれた。政党も二大政党に加え労働者の意見を代表するものが表れている。それらは果たして目前の事態に正しい手を打っていたのだろうか。

昭和初期の懸案の一つは中国問題であった。これは辛亥革命以来の流れを汲むものだが、最後には思ってもみなかったアメリカとの戦争につながった。

巷間、戦争とは軍人が行うものと誤解されている。軍人が行うのは戦闘である。戦争は複雑多岐にわたるもので、政府がその遂行にあたる。繰り返すが、それだからこそ昭和の政治家には一段と力量が求められたわけだ。

日本は惨たんたる敗北を喫した。どこでどう間違えたのか、一言では無理である。しかし直接の原因ではなくても、要因、遠因となったであろうものは指摘できる。これを考える時、その時々で下された判断が結局は暴走だったと言えるものがあるのではないか。筆者の問題意識はそうしたところにある。

戦前政治家の暴走●目次

序章

＊勇ましき論者の群れ

――強硬論を吐くのは軍人だけではない

戦時にあたり、あるいは兵力を伴う変事においては、軍人が主導権を執るものと思い込まれていないだろうか。とかく軍人は、すぐ力に訴えがちであると誤解されていないであろうか。本書ではそうした早合点に、具体的な事例を挙げながら少し修正を施そうと思う。強硬論を吐いたのはどういう人々であったか、明治、大正期から三つを採りあげてみる。

（一）強硬論を吐いた七博士と七名士

明治三十六年と言えば、早晩ロシアと戦争になろうかという切迫感が漂った頃である。明治三十三年の北清事変で、ロシアは日米等と共同出兵をしたが、満洲を軍事占領したまま居座りを続けた。この年、三十六年四月はロシア軍の撤兵時期であったが実行されなかった。六月、ロシア陸軍大臣のクロパトキンが、極東事情視察という名目で来日した。日本は寺内正毅陸軍大臣がホスト役となり、観光を含めて最大限の歓待をした。クロパトキン、寺内ともに相識る仲であったため、行事は滞りなく済みクロパトキンは旅順へ発って行った。その離日直後、ロシア討つべしという内容の新聞記事が現われた。世に言う、七博士の意見書である。

「大凡天下の事一成一敗其間髪を容れず能く機に乗ずれば禍を転じて幸となし機を逸すれば幸を転じて禍となす　外交の事特に然り　然るに顧みて七八年来極東に於る外交の事実を察すれば往々にして此機を逸せるものあり」（六月二十四日、東京朝日新聞）

七博士とは、富井政章、戸水寛人、寺尾亨、高橋作衛、中村進平、金井延、小野塚喜平次の面々である。何れも法学、政治学、国際法の専門家であり、東大や学習院の教壇に立っていた。日本外交は近年機を逸すること多く、ことに現下の状態は力で打破すべきと一挙にもっていく。

「今や我邦尚ほ成算あり是れ実に天の時を得たるものなり　而して彼尚ほ未だ確固たる根拠を極東に完成せず地の利全く我に在り而して四千有余万の同胞は皆陰かに露国の行為を憎む是れ実に人の和を得たるものに非ずや　根底的に満洲還附の問題を解決し最後の決心を以て大計画を策せざるべからず　今日の時機に於て最後の決心を以て此大問題を解決せよ」

七博士は、〝最後の決心〟という表現で戦争の決意を迫ったのである。

成算ありを突きつけられた軍部は、どういう反応を示したか。この時、陸軍の作戦を練る参謀本部は大山巌参謀総長、田村怡与造次長であった。特に作戦の中心は田村であり、〝今信玄〟と迎ぎみられていた田村がどういう計略を編み出すか、軍人のみならず国民の関心も集まっていた。某人がその田村を訪ねて、参謀本部では強硬論が高まっているのかと尋ねた。田村はこう答えた。

「参謀本部の主戦論ですと、なにそんなことはありません。もし事情が切迫して外務省から相

日比谷公園で開かれた条約反対の大集会（毎日新聞社提供）

談を受ければ、我々は大命に由って動くのみです。ごらんなさい。そのため総長以下各部長は休暇など取ってはおりません」（「谷干城遺稿」第四巻）

実は陸海軍と外務省の中堅層は、新橋の料亭湖月に集まり開戦論で一致していた。その一人は田村に面会したが、逆に弾はまだ足らないと戒められた。

からくも戦争に勝ち講和が結ばれると、今度は七名士という一団が脚光を浴びた。河野広中、山田喜之助、桜井熊太郎、小川平吉、大竹貫一、細野次郎、佃信夫の面々であり、代表格は河野広中である。自由党壮士として長い獄中体験の後、ついに衆議院議長まで昇りつめた河野はまさに名士であった。他の人々も一家言ある論客で、彼らはポーツマス条約は戦勝国の内容ではないと、猛反対の烽火をあげていた。講和問題同志連合会を結成し、〝閣臣及全権委員は陛下および国民の罪人也〟と糾弾した。国民の多くも同調した。明治三十八年九月五日、連合会は日比谷公園で条約反対の大集会を開いた。大会議長の河野は、屈辱条約破棄を訴えて大衆の感情に火をつけた。参加者が暴徒と化したことはよく知られている。

（二）外務大臣が開戦を主導した日清戦争

内村鑑三と言えば、今日では人道主義者の代表的人物であろう。その内村も、戦時に際しては次のような文章を発表した。

「吾人は信ず、日清戦争は吾人に取りては実に義戦なりと。其義たる法律的にのみ義たるに非らず、倫理的に亦た然り。義戦たるものは此種の義に因らざるべからず、如此の戦争は吾人の知らざりし戦争に非らず。是れ吾人固有の教義に則るものにして、吾人の屢々戦ひし所なり」

（「国民之友」明治二十七年九月号）

題して「日清戦争の義」という。その義とするものは、清国の朝鮮に対する圧迫を斥けるものであった。内村にとっては、日本への圧迫でもあったのである。

日清戦争は、日露の場合と比べて開戦理由が見つけにくい戦争であった。これを巧みに開戦に導いていったのは、軍部に非ずして実に外務省であった。外務大臣陸奥宗光である。明治二十七年六月、朝鮮南部に起こった東学党の乱鎮圧を名目に、日清両国は兵力を派遣した。しかし両国の兵力が、反乱の現場に到着する前に乱は治まり、共に駐兵する大義名分はなくなった。ふつうなら撤兵すべきところを、陸奥は理由をつけて引き延しを図った。京城の大鳥圭介公使に対し、日本は従―被動者の位置にとどまり、清国を主―主導者の位置にせよと命じた。兵を率いる大島義昌旅団長にも不用な軍事行動を厳じた。初めは処女の如くふるまう陸奥外交は次第に真価を発揮してゆく。

外務大臣の信念は、朝鮮から清国の影響を排除することであった。そのためには、清国を叩き伏せなければならない。日本が朝鮮に兵を送ってから五十余日が経った時、陸奥は素早い行動に移った。

「今は断然たる処置を施すの必要あり、いやしくも外間より甚だしき非難を招かざる限りは、何らの口実を用ゆるも差支えなし、速やかに実際の運動を始むべし」（『蹇蹇録』）

実際の運動は、日本軍の朝鮮王宮（景福宮）包囲となって表われた。国王から清国兵討伐の言質を取り、日本は開戦の口実を得たのである。実に日清戦争は、外務大臣が開戦を主導するという稀有な例であった。外交が兵事を導いたのである。兵事を握っていたのは川上操六参謀次長であったが、ピッタリと陸奥に寄りそって協力した。奇妙なことに、日清の開戦には川上の上司が不満を唱えた。上司とは、陸海軍の最高司令官である明治天皇である。天皇は軍人の最高位である大元帥という肩書を持つ。

「今回の戦争は朕素より不本意なり。閣臣等戦争の已むべからざるを奏するに依り、これを許したるのみ」（『明治天皇紀、第八』）

独走を指摘された陸奥であったが、三国干渉の受諾を決意したのもこの男であった。

（三）シベリア出兵を主張した九博士と外務官僚

シベリア出兵というのは、名目はどうあろうとレーニン政府に対する内政干渉になったことは否めない。一九一七年（大正六年）の十一月、ボルシェヴィキ革命が成功した時、ヨーロッパはまだ第一次世界大戦の最中であった。イギリス、フランスと共にドイツを敵としていたロシアであったが、翌年三月には一方的にドイツと講和した。つまりドイツを助けることになったわけであり、英仏は革命政権への干渉意思を露にするようになった。革命が起こったといっても、広大なロシア各地には反革命勢力が点在していた。英仏は、いずれ旧ロシア政府が復活するものとみており、反革命勢力の支援に乗り出そうとしていた。反撃の地歩を築く場所、そのひとつがシベリアであった。

大正七年が明けると、日本では威勢のいい議論が飛び出してきた。九博士の出兵論がそれだ。建部遯吾、高橋作衛、添田寿一、中村進平、戸水寛人、寺尾亨、松波仁一郎、志田鉀太郎、仁井田益太郎の九名は、〝西比利亜出兵の主張〟、〝西比利亜出兵の急務〟を展開した。戸水、高橋、寺尾、中村は、日露開戦前にも登場したおなじみの面々である。

「凡そ帝国の千兵を西比利亜の大野に動かすは、東洋平和の保維の責任を全うして内、帝国の自衛に資し外、世界の平和に竭さむが為のみ」（建部博士）

「余の見る所によれば日本が東部シベリアに兵を出すは国際法上極めて顕著なる法理に基き最も適切なる先例に拠るべきものなりと確信す」（高橋博士）

「早晩露西亜が国家としての威力を復活して西比利亜の秩序を完全に維持し得るに至らば我帝

国は衷心より欣喜して露人の感謝の間に直ちに撤兵を断行し亳も躊躇する所なかるべきを以てなり」（仁井田博士）

日本は大国として、シベリアの混乱を救わねばならぬというのが、九博士の共通意識であった。

参謀本部の田中義一次長は出兵論者であった。だが田中以上に、早くから強硬論を吐いた外務省官吏がいる。ハルビン総領事の佐藤尚武であった。佐藤は、現地から幾度も本野一郎外相に対し日本軍の出兵を要請していた。その意とするところは、出兵は自己存立のために絶対に必要であること、出兵は同時に英仏を助けることになるというものであった。佐藤の懸念は、革命政府と講和したドイツがシベリアに進出してくることであった。ドイツにシベリアの資源を入手されることは、西部戦線の英仏側を不利にさせ、またシベリアに近接する日本の痛手ともなると佐藤はみた。シベリア出兵は、結局は大正七年の八月にようやく実現する。そして九博士のひとりが断言した早期撤兵は実現しなかった。佐藤尚武は第二章で外相として登場する。ハルビン総領事という壮年時の主張と、大成した外相としての言動を比較すると妙味を感ずる。

明治から大正にかけて、三つの事象をめぐる強硬論者を紹介した。彼らは、学者、政治家、外交官という文民であった。三件全てが強硬論の通りに推移したわけではないが、そうした声があったということだ。昭和の時代に入って本論で採りあげる三名は、実際の政治や政策の現場にいた人々である。即ちその言動は、政策となって実現される立場にある。三名がその時々で下した判断が、日本の行末にどういう影響を与えたか検証してみたい。

第一章
＊森　恪　——満蒙生命論の先駆者

満蒙問題という魔語

かって「非国民」という言葉があった。特に使われたのは、昭和十二年からの当時の言い方である大東亜戦争の時であろうか。反対意見を認めず、国民一人一人を国策に従わせる必要があった。従わない者は非国民として指弾されたのである。明治の日露戦争の時は、「露探（ロシアのスパイ）」なる言葉が使われた。今日では、さすがに露探は死語になっているが、非国民は生きていると言ったら驚かれるかも知れない。民主主義の世に、そんな戦争中の言葉を使う人はいまいと誰しも思う。評論家福田恆存（この名前も懐かしい響きになった）は、シンポジウムで紀元節（建国記念の日）復活賛成の意見を述べたところ、帰り際に反対論者から「非国民！　売国奴！」と浴びせかけられたことを書いている（『言論の自由といふ事』）。これは戦後も二十年ほどしか経っていない頃だから、まあうなずけないこともない。

筆者が、『非国民』は生きている」と書いたのは、最近この言葉を目にしたからなのだ。そ

森　恪

れはテレビ番組に対する視聴者の意見というレポートのなかにあった。「日本中がこれだけ騒いでいるのに放送しないのは非国民だ」というのである。使った人は特別な考えはなかったろう。けれど、一度国民の胸に深く刻まれた言葉は、強烈な言葉として長く残るものだと思った。筆者の言いたいことはこうだ。万民をして有無を言わしめなくさせる、反対の声を封じてしまう言葉が存在するということだ。これを造語であるが、魔法の言葉—魔語という。

満蒙、満蒙問題は、昔の日本人にとっては不思議な響きを持っていた。満洲と蒙古のことだが、何か国民の前にそびえ立つ巨大な問題のように受けとめられていた。日本は満蒙を我が手にすることが使命だと思い、事実その通りとなるのだが、これぞ誤りの根本でもあったのである。一体満蒙は、いつから日本人の心に染みこむようになったのか。

きっかけは日露戦争の勝利であった。日本が得た戦利品は、正確には次のようなものである。

一、旅順、大連を含む関東州の租借。
一、東清鉄道一部の経営及び鉄道附属地の領有。
一、安東—奉天間の鉄道経営。
一、鉱山採掘権。

このうち満蒙に関する土地は、旅順、大連を含む関東州ということになる。ロシアから日本が獲得して、更に清国との条約によって認めさせたものだ。しかも租借、文字通り借りたのであり当初は二十五年間であった。この点をはっきりさせたのは伊藤博文である。日露戦争後、日本軍が南満洲一帯に軍政署を置いていることに危機感を持った伊藤は、「満洲は清国領土の一部也」と朝野の覚醒を促したのであった。ところがその後、日本がロシアと四回にわたって協商関係を結んだことで事態は変わり始めた。明治四十年に第一次日露協約が結ばれたが、その秘密協定のなかで分界線なるものを決めている。これは満洲を南北に分けて、北側はロシアで南側は日本が優先権を持つというものだ。日本側の範囲には、次第に清国内の蒙古地区も含まれるようになった。無論、主権者たる清国にはお構いなしである。秘密協定だから一般の国民は知る由もないのだが、国家としては満蒙に優先権を得たことになった。

明治四十四年十月、辛亥革命が起こり清王朝は幕を閉じた。翌年中華民国が成立するが、革命は二次、三次と続き大陸の混乱に拍車がかかった。当然、関東州を含む満蒙の地も不安定になる。一時的ではあったが日本が外交上利益を得たのが、石井—ランシング協定であった。大正六年の寺内内閣の時で、石井菊次郎特使とアメリカ国務長官ランシングとの間で結ばれた。日本が中国では優先権を持つというもので、大隈前内閣の〝対華二十一ヶ条要求〟を追認したようなものだが、第一次大戦後に無効となった。しかし日本人の心に、中国に対する優越感を植えつけたことはまちがいなかろう。

それとともに流布されたフレーズが、〝十万の犠牲と二十億の国費で得た満洲の権益〟であ

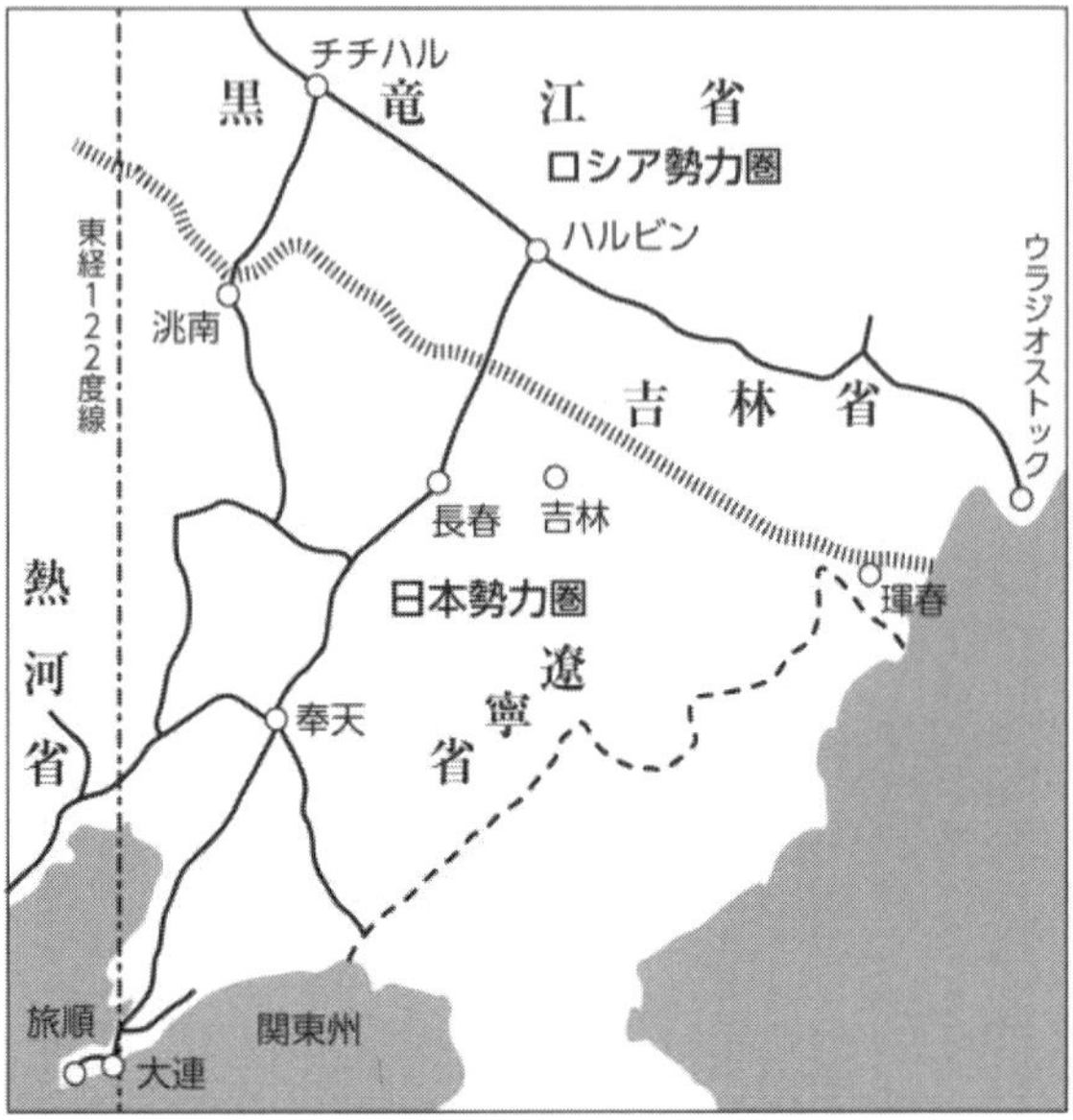

日露秘密協約による南北分界線

り、満蒙問題、あるいは満蒙問題の解決であった。一体全体、満蒙問題とはどういう問題なのか、その解決とは何なのか。言葉だけが先行していた。おかしなことに中味の説明はみられないのである。これに的確な解答を与えた人物がいる。阿部守太郎という外務官僚であった。阿部は、「対支政策」のなかで、満蒙問題の解決とは、「往々領土ノ獲得ヲ意味シ、帝国ハ須ク南満洲及之ニ接道スル内蒙古東部ヲ割取シテ以テ該方面ノ問題ヲ解決スヘシト云フニアルモノノ如シ」と説明した。日本の進んだ道はこの通りであった。

第一次大戦後に中華民国が国家意識に目覚め、日本との衝突が増すにつれて、〝満蒙問題〟は日本の魔語となった。ことに十万の英霊、二十億の国費は絶対的なものであった。日露戦争は、決して満洲領有をめぐって争われたものではない。韓国への侵略意図をロシアに断念させること—これが第一義であった。しかし権利意識は拡大するものだ。心底には日本人の海外発展欲があるのだろうが、その目標が満蒙となった。

この路線の上に登場したのが、異色の政治家として知られた森恪である。モリイタルが本名だが、通称モリカクで通っている。最初は三井物産社員であり、若い頃から中国ビジネスに専念してきた。辛亥革命の時、三井物産上海支店員として革命派と交渉したことは、原敬日記にも出ている（明治四十五年一月九日、十日）。

森は孫文に対し、すでに満洲の運命は定まっているので日本に一任するよう迫った。孫文はこれに応じ革命の援助を依頼したという。森は革命派援助のため、満洲の譲与金として一千万円を提示した。この話は山本権兵衛内閣になって同意を得られず実現しなかった。森が一介の商社マンをはるかに越える人物であったことを物語る逸話である。

三井から政友会に転じた森は、強烈な個性を政界でも発揮する。三井時代、中国での商圏拡大に奔走した森は、政治家となってからは、満蒙を中心とした日本の権益確保に辣腕を振う。果たしてその行動は、日本にとってよかったのか悪かったのか。中途で倒れた、この異色の政治家の人生を追うことにしたい。

一、田中義一を操る男

オラが義一の実像

森恪を語るにあたり、登場前夜の政治情勢を描写する必要がある。大正十四年四月十三日、政友会のトップが高橋是清から田中義一に変わった。政友会は初代総裁伊藤博文以来議会の中心を占めてきたが、この時は野党であった。政権は、加藤高明率いる憲政会の手に在った。大正七年から十一年まで政友会が内閣を組織し（原敬、高橋是清）、十三年からは憲政会がこれに代わった。大日本帝国憲法には、今読むと驚くべきことだが、内閣総理大臣という言葉が出てこない。国務大臣という語だけであり、総理大臣の権力が今ほど強くはなかったことがわかる。総理大臣は、必ずしも与党の党首が務めるとは限らなかった。大正七年から昭和七年の五・一五事件までは、一時期を除いて議会第一党から総理を出し、閣僚も与党議員を中心にして内閣を作った。イギリス流の二大政党時代であり、この期間中に普通選挙も実行された貴重な時代であったと言えよう。

新たに総裁となった田中義一とは、戦後の福田派代議士である田中龍夫の父親である。長州陸軍を背負った陸軍大将であり、二度にわたって陸軍大臣に就いた。日露戦争後の国防を定めた「帝国国防方針」は、原案は田中義一が書いた。献策好きな大御所山県有朋が朱を入れたが、おおよそは田中の案通りであったと思われる。

田中義一は意外にもの好きな男で、階級が昇るにつれて様々な話題をまいた。歩兵第三連隊長の時、白柳秀湖という早稲田出の文学青年が一年志願兵として入営してきた。白柳は日露戦争反対を訴えた平民社（幸徳秋水、堺利彦）と交際があったため、社会主義者とみられていた。彼が本当に社会主義者であったのかはわからないが、営内では社会主義者が来たとして緊張が走った。連隊長田中は親しく白柳に接して話を聞き、新兵教育係として軍務に励ませた。早稲田の大隈重信を招待して講演させたこともあった。

大正八年の秋、陸軍大臣の田中は一人の朝鮮人と会談した。呂運亨という独立運動家であった。日本の敗戦後、国家建設に重要な役割を果たす人物だが、この時は血気盛んな壮年である。田中は呂という人間が気に入ったのか、赤坂離宮（現在の迎賓館）の菊花展に招いた。朝鮮独立の志士が天皇家の一角に入ったことは貴族院で問題となった。内閣の失政として原敬は陳謝せざるを得なかった。それでも田中は、「朝鮮人が独立をめざすのはあたりまえだ」とうそぶいた。高橋是清は、田中に人物としての幅広さを感じたのであろう、後継総裁として推したのである。

同年十一月二十日、田中総裁は政友会の会合で満洲問題について次のような統一見解を出した。

「吾人は我が国従来の方針に則り、断じて満洲をして兵火の地たらしむるを能わず。依て此際進んで政府を督励し、且つ国民の世論を喚起し以て満洲に於て帝国の特殊的地位を支持確保するの手段を講ずるを期す」

政友会は、満洲を〝特殊的地位〟に格上げしていた。当時の中国は、公には北京政府が国家を代表するものであったが、各地方の省長なり督弁という実力者が各々の地域を押さえていた。満洲では張作霖である。日本はこの張作霖に軍事顧問というアドバイザーを送りこみ、様々な権益の拡大を図っていた。だから満洲が兵火の地になることは日本にとって避けたいことになり、統一見解の文面上にも表われたわけである。政友会は更に十二月八日の声明で、「満蒙の治乱は帝国の安危に関し東洋平和の依て分るる所なり。然るに今や戦過をして満洲に派及するに至らしめたるは、誠に遺憾に堪へざる所なり」と発表した。満洲の戦過とは、郭松齢の乱を指している。

郭松齢の乱とは、日本の満洲政策をみる上で重要な試金石となった事件である。辛亥革命以後、中国大陸各地では地方軍閥同士の内乱が絶えなかった。その度に日本人も被害を蒙ったのだが、内乱は主として満洲外の地で発生した。ところが大正十四年十一月に起った兵乱は、南満洲の中心である奉天附近で行われる可能性が高まったのである。郭松齢とは、日本陸軍にも知己の多い張作霖の片腕であり、この時は北京方面に遠征中であった（張作霖と馮玉祥の内乱）。それが突然回れ右をして、親分張作霖に向かって弓を引いた。郭松齢は遠征の直前日本を訪れ陸軍の演習を見学しているが、この時日本側から何かささやかれたのかもしれない。十二月に入り張作霖の命運は風前の灯となった。

この事態に先ず敏感な反応を示したのは、現地に住む日本人であった。全満地方委員連合会を開き、日本軍の出兵あるいは増兵を決議した。奉天総領事は後のワンマン宰相吉田茂であったが、やはり外務省に電報を打ち出兵を提議した。日本軍出動せよという要求は、どちらかに加担せよという意味ではない。居留民の不安は、中国軍兵隊の掠奪行為であった。勝とうが負けようが、この頃の兵乱の常として掠奪が行われた。日本軍によって居留民を守ろうというわけである。では関東軍が動けばよいではないかとなるが、ここに難しい問題があった。関東軍一万は、関東州と南満洲鉄道防衛のためにあるのであり、奉天郊外は任務地外となり簡単には動けない。出動するには新たな命令が必要で、高度の政治判断が求められるわけである。時は第二次加藤高明内閣であったが、政府はなかなか腰を上げようとはしなかった。

郭松齢が、奉天を東に望む遼河平原にまで迫ってきた時、外相幣原喜重郎は時至れりとばかりに行動を起した。郭松齢、張作霖の両軍に対し、日本の権利や利益を損傷しないよう希望すると伝えたのであった。要するに、日本の租借地や在留邦人に被害を与えないよう戦えという警告文であった。

幣原喜重郎

幣原は張郭戦争には中立的立場を表明したわけだが、両軍の受けとめ方は異っていた。郭松齢にとっては、勝利まちがいなしと思われたその矢先に日本の警告が入ったのだから、警告以上の妨害と感じた。満鉄附属地には入らなければよいのだが、戦乱はどこまで波及するかわからない。実際には関東軍は、参謀を郭軍に指し向けて進撃を遅らせる工作を行った。郭松齢は動きがとれなくなった。反対に張作霖は、日本が応援していると信じた。兵力は弱小だったが、一旦は張を見放していた吉林省、黒龍江省の兵力が味方につき形勢は逆転、郭松齢は敗退して射殺された。

加藤内閣は一個旅団を関東軍に送ったが、そもそもの出兵目的であった邦人保護は為されたのか、掠奪はあったのか、実はよくわからない。この邦人保護、居留民保護という名目も、抵抗し難い魔語的なニュアンスを持つ。保護が必要なことは無論ある。要は真に兵力で守らなければならないのか、状況の見極めであろう。

幣原外相は、翌大正十五年一月の議会演説で次のように述べた。

「吾々は、徹底的に支那に於ける内政不干渉主義を励行すると同時に、我が正当なる地位に関しましては、及ぶ限り擁護の手段を執ったのであります」

一個旅団は派遣したが、幣原外交は貫かれたと言いたいのであろう。確かに日本の利益が侵される寸前に声明を出し、満鉄や関東州に被害を及ぼすことなく終息させたのだから胸を張ったわけだ。陸軍大臣は宇垣一成であったが、最後になって出兵せざるを得なかったのは、幣原にとって気の毒であったと同情している。幣原の演説を聞きながら田中は思う。―オラが外務大臣だったら、政友会内閣だったらどうしたか―と自問自答する。―外相の言うことは如何にも立派だが、危ない橋を渡るようなものだ、まかりまちがえば―と心中つぶやいた時、フン、理想論ばかり述べおって、という声が側でした。

「おお森君か。幹事長の君が議場におらんでいいのか」

森恪は、憤まんやる方なしといった表情で、田中の隣に座った。

「ここに居られましたか、総裁。幣原外交など我が党の執るところではありませんぞ。何事も積極、積極や」

「しかし外交ちゅうもんは、むずかしいもんだのう」

森は傲然と言い放つ。

「しっかりした基本を立てて進めばよろしいのです。森に任せなはれ。政友会内閣も遠い日ではありませんぞ」

田中は森を見ながら、持ち前の色気の虫が騒ぎ出した。―オラが天下を取ったらこの男をどう使おうか―と。

外務省を支配し東方会議を主宰

昭和二年四月二十日、田中義一政友会内閣が成立した。世は金融恐慌の真只中であり、田中内閣は第一の仕事として、モラトリアム（支払猶予令）を布いて鎮静化の手を打った。田中は閣僚の選任にあたっては当然政友会代議士をあてたが、二転三転したのが外務大臣であった。先ずこの人と見込んだのが、三井から政友会に転じた山本条太郎であった。党の重鎮として、また三井の山本としての名も高く力量充分であったが、外務大臣というポストは体面を重視する。山本は、大正の初めの海軍汚職であるシーメンス事件に連座したことがあった。そのため

左端が田中義一、一人おいて小川平吉、久原房之助

不適格となり、満鉄総裁として赴任して行った。

田中は続いて発想を転換し、井上準之助という経済人に白羽の矢を立てた。横浜正金銀行頭取という生粋の銀行マンである井上を蔵相に非ず、外相にしようという狙いは何であったか。それは経済外交という、当時としては斬新な発想であった。しかしこれも一歩遅く、井上がすでに日銀総裁に内定していたため実現しなかった。政友会内部からは、同郷の後輩であり大器とみられていた久原房之助が浮上した。日本一高い煙突を持つ鉱山会社の社長だが、田中は自分を脅かす存在になるとみて退けた。候補者が見当たらなくなった時、「もういい、外務大臣などオラがやる」と、書記官長鳩山一郎に告げた。そして、「あの男を連れていく」と外務政務次官に指名したのが、森恪であったのだ。

昭和の初めにも、各省庁には政務次官がいた。大臣補佐役であり、他に参与官、次官が在った。だが森恪ほど、大臣を凌ぐ一政務次官として世に聞えた者はいないであろう。総理が外務大臣を兼ねるという珍しいケースであったことにもよるが、そうした場合は事務方の頂点に立つ次官の存在が大きくなる。次官はアメリカ大使を経た出淵勝次であったが、幣原系の人物であったため尚更森が際立った。

明治十五年、大阪江戸堀生れの森は慶応に学んだあと、明治三十四年の暮れ早くも大陸に渡った。勉学は社会でとばかりに、三井物産上海支店修業生となったのである。明治四十三年にはニューヨーク支店、大正三年には、三十四歳にして天津支店長となった。冒頭で述べたように、森は辛亥革命時孫文と接触し南方革命派を援助した。三井物産育ての親である益田孝の意を受け、満洲獲得工作に乗り出した。この三井の大計画は内閣の交替により頓挫するが、森は独断で孫文に十五万円を手渡したという。この裏には何らかの密約があったのではと想像される。以来森は、「オレは支那を釣る」と豪語するようになった。森は大正九年に神奈川県から衆議院議員に当選し政友会代議士となった。

森は次官就任二ヶ月にして、歴史に残る重要な会議を召集主宰した。東方会議という。田中内閣の中国政策を確立することが目的であった。同名の会議は、原内閣時代の大正十年五月にも開かれている。この時は「満蒙ニ対スル政策」が閣議決定され、満蒙に勢力を扶植することは日本の進むべき道としながらも、突出することは得策ではないと戒めている。

「支那ニ於ケル門戸開放機会均等主義ニ鑑ミ、帝国ノ国防乃至国民ノ経済的生存ノ脅威タラサル限リ、妄ニ排他的独占ノ方向ニ走ルハ決シテ（二字不明）得タルモノニアラス」（閣議決定、満蒙ニ対スル政策）

この年は、ワシントン軍縮会議が秋に開かれた。そして中国に於ける機会均等主義を定めた九ヶ国条約が結ばれるわけだが、この政策にみられる通り、原内閣は国際協調主義を採っていることがわかる。

四月二十二日、田中義一は帝国議会で施政方針演説を行った。対中政策については次のように語っている。

「徒に支那の動乱をいやが上に激甚ならしむることは、決して支那国民の本意にもあるまいと信ずるのみならず、支那と諸外国との関係に就きましても、支那国民の正当なる要望が達せらるる以上、之を危殆に陥れる事は決して支那国民の望む所ではあるまいと想ひます」

これを読むと、野党時代の田中の言とは大いに意味合いが異なっている。日本の権益を伸ばすよりも、相手国である中国の要望を満たすことに重点が置かれているからだ。田中も一国の総理となると、野党総裁のように自由にモノが言えなくなったということだろうか。政友会代議士からは、これでは幣原外交と変わらないではないかという反発の声が渦巻いた。政府の一員である森も同じであった。ぐらついた田中の姿勢を正すべく、政府、与党、出先機関全てを集めて開いたのが、東方会議だったのである。

昭和二年六月下旬から十日間にわたって開かれた東方会議には、外務省、陸軍省、海軍省、参謀本部と軍令部の中国担当者、それに満洲各地の領事、関東軍、関東庁の主なる面々が参加した。最大のテーマは日本の満洲政策である。満洲には張作霖がいるが、大正の末年から張は日本の満鉄に対抗し、満鉄と平行する鉄道を敷設して独自の動きを見せ始めていた。その上張は北京にも乗りこんで、一地方軍閥から脱皮しつつあった。新しい満洲の情勢にどう対応するのか、森はみずからこの難局を打開しようという覚悟であった。九ヶ国条約を精神的にたたき割ること、これが森の肚であった。東方会議の意義について後にこう語っている。

「満洲の主権は幣原君のいうように支那に在るけれども、しかしそれは支那にのみ在るのではない。その主権には日本も参与する権利がある。だから満洲の治安維持には日本が当る。満洲は国防の第一線であるから日本が守る。それから満蒙の経済的開発には、機会均等門戸開放の主義を取る。以上の要点を実行するために、若しここに障害が起ればその障害がたとえ支那自体から来ようとも、ないし北から来ようとも南から来ようとも東から来ようとも、それに対して日本は国力を以てこれに反抗する。とにかく満蒙のことは、日本が主としてやるというのが主眼である」

一読して論旨が逆転しているのがわかる。いやそれよりも、言っていることがムチャクチャだ。主権は支那にあるが日本にもある、満蒙は機会均等門戸開放だが日本が主としてやる、治安維持は日本が当る、とはおよそ外務政務次官の発言とは思えない。しかしこれが森恪なのである。

十日間続いた東方会議の結論はひとつしかない。大陸に於ける日本の姿勢をはっきりさせたことだ。

「支那に於ける帝国の権利、利益並に在留邦人の生命財産にして不法に侵害せらるるの虞あるにおいては、必要に応じ断固として自衛の措置に出て之を擁護するの外なし」

森は外務省を代表して会議をまとめ、大陸政策の根本を定めたのであった。しかもこれまでの満蒙から、〝支那に於ける〟とあるように拡大したのが大きく眼を引く。〝断固として自衛の措置〟とは、武力を使うということに他ならない。

もう一度、原内閣の文言と森会議とも言うべき今次内容を比較してみたい。特に日本国民についての部分だ。前者は、〝国民ノ経済的生存〟として生活上の脅威を問題としていた。それが後者になると、〝在留邦人の生命財産〟となって、生命がつけ加えられている。経済上の圧迫のみならず、身体生命への危険まで国家が保護するというのであるから、在留邦人にとっては頼もしいことこの上もない。しかし他方で、中国人あるいは中国に住む外国人排斥につながる恐れもある。実際のところ日本の対満政策、対中政策は、独善的傾向を帯びてゆくのである。その意味で東方会議の結論は、暴走への序章であったと言えよう。

しかし日本の立場を弁明するならば、昭和に入って明らかに日本人の生命に対する脅威が増大化していた。辛亥革命以後、幾度も日本人殺害事件は起こっている。進出した日本企業への妨害、ストライキも発生している。それは徐々に中国が近代化する過程での、避けられない事象なのだが、被害に直面する側は一大事である。東方会議が進行中の時も、中国大陸では新たな革命とも言うべき事態がもちあがっていた。その渦に日本人がまきこまれたことが、〝生命〟

の二文字を入れさせたとも言える。新たな事態とは、蔣介石による南北統一の運動、北伐であった。内戦であるが、すでに田中内閣の前に現地日本人が犠牲となる大きな事件が起こっていたのだ。

居留民保護という問題

「たちまち数人のあらくれた兵隊がどかどかと乱入して、奉天兵が逃げ込んではいないか、武器は持たぬかなどと連呼しながら泥靴のまま畳を踏み荒らして家捜しをはじめ、トランク一個を奪取して引き上げた。その時までは、まさか掠奪だとは気づかず、平気でいると続いて四十数名の兵士が乱入してピストルは持たぬかと叫びつつ、われわれの所持品懐中の点検をはじめ、まず写真機と外ポケットのがま口を取り上げ、次いで内ポケットの財布をひったくった。午前十時頃までに、宝来館は破壊された」

これは昭和二年三月二十四日、中国南京の日本旅館宝来館にいた、東京朝日新聞記者の園田次郎が書いた文章である（『もうひとつの南京事件』）。一体全体何事が起こったのか。奉天兵とは満洲の張作霖軍のことであり、数人のあらくれた兵隊とは、蔣介石軍の兵のことであった。国民革命軍と呼ばれた蔣介石軍が、南北統一を目指して起こした北伐途中の出来事である。

実は宝来館の騒動は事件の始まりであった。同じ頃、南京日本領事館にも暴兵が乱入した。この一領事館には海軍陸戦隊の水兵十名がいたが、小銃を所持しておらず為す術がなかった。この一日、領事館は便所のフタまで持っていかれ無人の館と化した。館内にいた日本人男女全員は、文字通り身ぐるみはがされた。陸軍革新派将校として昭和史に名を残す根本博少佐もこのなかに居り、領事館二階から飛び降りて負傷した。

同様の騒ぎは三月末から四月初めにかけて、南京の他、漢口、蘇州、重慶、宜昌、長沙、南昌など十一の都市で起こった。南京領事館の陸戦隊員が丸腰だったのは、領事館に向かう道で北軍（張作霖側をこう呼ぶ）の阻止に遭い、武器を取りあげられたからだった。昭和二年三月と言えば、まだ憲政会の若槻礼次郎内閣であり、外相は幣原喜重郎ということになる。幣原はこの年初め、イギリスから南軍（蔣介石軍）の兵力が上海に近づきつつあるので共同出兵の提案を受けた。しかし提案を断わり、在外公館（公使館や領事館）へ日本人を避難させる方法を取った。こうした場所へ邦人全員を収容できるはずもないのだが、とにかく特段の対策を取らなかったのだ。掠奪、暴行の発生は、まさに想定外の大事件だったに違いない。

国家は、海外に居住する自国民、海外旅行中の国民を守る義務がある。旅券とは、国家が発行する身分証明書であり、外国にいる時は最高の保証書たり得る。しかし異国では時折り様々な事件が起きて自国民に被害が及ぶ場合があり、その時どういう対策を取るかが迫られる。これは居留民保護と呼ばれる。一番簡便な方法は現地からの引き揚げであろう。時には現代でも強硬な方法が使われる。二〇〇八年八月の北京オリンピックの時、突如としてロシアがグルジアに侵攻した。ロシアの大義名分は、それこそ居留民保護であった。グルジアの一部住民にロシアはパスポートを与えており、グルジアの攻撃からまさしく自国民を守るためであった。我が日本も、近年保護策のことを言い出している。戦争や災害の時、日本人救出をどうするか、自衛隊機を飛ばせるかという議論である。かっては海外に出れば、身体生命への危険は常に在った。そのため居留民保護は切実な問題だったのだ。

隣国中国では、辛亥革命以来幾度も日本人殺害事件が起こっている。軍人、新聞記者、商売人と職種は様々だが、近代へ脱皮しようとする大陸の動乱に巻きこまれたものであった。それを描写した一人の学者がいた。和辻哲郎という高名な哲学者だ。和辻は昭和二年二月に上海に居た。ちょうど北伐軍が上海へ数マイルに迫った頃だった。そこで見聞したものは、共産党員の煽動、労働者のストライキ、北軍の共産党弾圧であった。この哲学者は、中国の日本人が何を恐れているかについて次のように書いている。

「それに対して在留の外国人が最も怖れていたのは、上海の外で上海を防衛している北軍が、蔣軍に追われて上海へ逃げ込んで来た時の騒ぎである。そうなればその軍隊がいずれの側であるかなどは全然問題ではない。ただ武装した苦力の群れが掠奪、強姦、殺人等の暴行をもって町を荒らすだけの話である」(『風土』)

和辻の観察通りのことが、一ヵ月後に南京をはじめとする各都市で発生した。この時、居留民保護は為されなかった。保護策というのは大別して二つしかない。避難するか、兵力で自国民を守るかだ。本当の戦争となれば総引き揚げとなる。考慮を要するのは、戦争には至らないまでも内乱の場合どうするかであろう。昭和二年四月、統一を目指す南軍は上海に入り北上を続けつつあった。幸い上海では、南軍は規律を守り日本人への被害は出なかった。上海には外国租界があり各国の警備兵が駐屯する他、イギリスは出兵したので南軍も勝手な行動はできなかったのであろう。蔣介石は一路北京を目指している。北に近づくにつれて、張作霖系の軍閥との戦いが予想された。田中内閣は居留民保護もさることながら、北伐という大動乱にどう対処するのかという根本を問われていた。

第一次山東出兵──「田中が出兵に同意しなければ総裁を引退させる」

北伐とは何か。文字通り北を伐って平定するの意である。名ばかりの中華民国は四分五裂の状態にあり、清朝を倒した孫文の意志を継いで中国をひとつにまとめることだ。その発進基地は広東であった。ここは孫文の本拠地だ。大正十三年（一九二四）一月、国民党は第一回全国代表大会を広東で開いた。孫文はこの大会で、画期的な新方針を公にして日本の朝野を驚かせた。共産党員も個人の資格で国民党の活動に参加することを認め、中央委員にも名を連ねるようにしたのだ。これにより孫文率いる国民党は、労働者や農民にも支持基盤を拡大することを得た。革命の父は、共産主義も三民主義の一部であると考えたのであった。これが第一次国共合作である。日本の士官学校に倣い黄埔軍官学校が作られた。校長は蔣介石、政治部主任は周恩来である。共産党と連合したことで、ソ連から政治顧問や軍事顧問がやって来て教育にあたった。北伐には、ソ連の教育や援助が非常に役立ったことは否定できないであろう。

同年秋十一月、孫文は重病を厭わず神戸を訪問した。十一月二十八日、神戸高等女学校で一

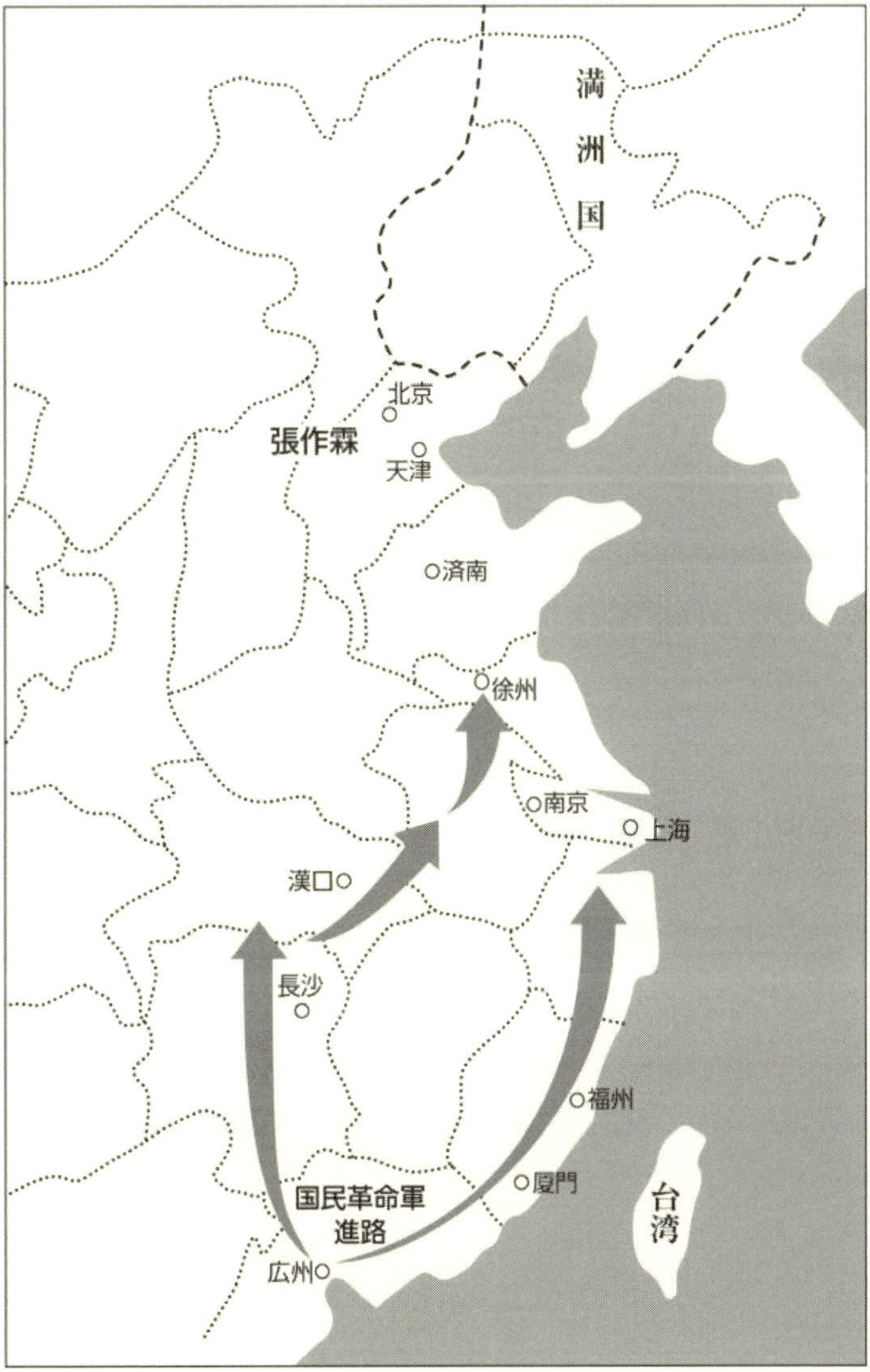
満
洲
国
北京
張作霖
天津
済南
徐州
南京
上海
漢口
長沙
福州
厦門
台
湾
国民革命軍
進路
広州

時間半にわたって有名な演説をした。大アジア主義と題し、中国と日本の連帯を訴えるなかで、日本は西洋覇道か東洋王道か何れの道を選ぶのか問いかけたのであった。この叫びは、日本に中国統一への協力を求めるものであったろう。日本を発った孫文は天津で張作霖と会談した。死の直前であったが、張に対しこう言っている。

「張将軍の武力がなければ、速やかな四百余州の統一はできない。ぜひとも将軍の武力をお願いしたい」

革命の父は、最後に来てあらゆる手段を採ろうとしていた。本来なら張作霖は打倒すべき旧勢力のはずだ。それと協力するということは、張政権は認めるという密約なのか。満洲は与えるということなのか。大正十四年三月、孫文は六十年の生涯を閉じ、後継は蔣介石に託された。大正十五年七月、蔣は黄埔軍官学校の精鋭を指揮官として、兵力十万、艦艇八隻、航空機三機も加えて国民革命軍と名付けた。

当時日本人のなかで、この統一事業のことを正確に理解している人はまことに少かった。第四革命という呼び名が生まれたが、大部分の日本人は〝革命〟の二文字に恐怖感を抱いたらしい。つまりロシア革命と同じことが起きると誤解したのであった。当然進撃目標の周囲に住む日本人の不安は大きくなる。国民革命軍は、先ず揚子江一帯の制圧を目標とした。昭和二年三月までには目標一帯を手中にして次のような声明を出した。

「わが国民革命軍の行くところに、各諸国が派兵する必要はない。我々は外国居留民の生命財産に対し、完全に保護の責任を負う」

これが全く口先だけのものであったことは今さら説明を要しまい。声明とは裏腹に掠奪暴行は起こったのだ。無論蔣介石は、外人居住者への保護はできると思ったのだろう。しかし末端の兵士はまだまだ規律はなかった。日本人を襲ったのは主として共産党系の人間であったと言われている。そこには又、国民党の評判を落とすという意図があったとみるべきであろう。

昭和二年四月八日、山東省済南の藤田栄介総領事は外務省に電報を打った。「結局当地方二千余人ノ生命ノ安全ヲ計ル為ニハ、必要ト認メラルル時期ニ於テ全部引揚クルヨリ外ナカルヘシト認メラルル」という内容で、早めに安全地帯へ移動するよう提案した。翌九日、高岡健吉居留民団行政委員会長が外務省に出兵要請の電報を打った。現地からの要請に対し幣原外務大臣は、藤田総領事に対しこう指示した。

「一時之ヲ青島ニ避難セシメ、海軍力ノ保護ノ下ニ立タシムルノ外無カルヘキモ、其ノ時機ハ畢竟江蘇方面ノ戦局ノ推移ニ依リ決セラル可キモノニシテ（中略）」

つまりまだ避難する時機ではないということだ。革命軍は、蔣介石みずからが一隊を率いて北上しており、その進路は江蘇省から河南省を通り、山東省の済南を目標にしてくることは確実であった。山東省には張宗昌という北軍側の軍閥がいたからである。一度失敗した幣原外相としては、今度は早めに対策の手を打ったわけだが、日本政府が山東省を重視するのには理由があった。青島から済南に至る膠済鉄道は日本の借款鉄道であった。日華合弁の鉱山会社があり採掘を行っていた。青島では塩の購売権を持っていた。山東省は単に日本人が多く住むというだけではなく、日本の財産が点在しているのであり、北伐の弾雨から守る必要があったのだ。

現地保護策の具体的検討は、四月十六日になって外務省と陸軍側が協議した。出席者は外務省の谷アジア局第一課長、中山第二課長、陸軍省の林軍事課長、参謀本部支那班の重藤中佐の四名による極秘のうち合わせであった。谷正之第一課長（東条内閣の外務大臣）は、山東省附近の日本の利益について次のように語った。

「北支ニ於ケル我方ノ利益ハ鉄道其他固定的ノモノニシテ、殊ニ満洲ニ付テハ諸般ノ関係上日支親善延テハ又日米親善ノ基礎タルヘキ重要地域ニシテ、既ニ我国ハ二度流血ノ犠牲ヲ拂ヒ居リ将来ニ於テモ如何ナル犠牲ヲ拂ヒテモ之ヲ守ラムトスルノ決心ヲ有スルコトハ中外皆之ヲ知ル所ナリ」

北支那とはどこを指すのか言ってないが、大方黄河以北であろう。山東省はその境に位置するが、谷は北支那の範囲とみなしていたはずだ。鉄道利権があるからである。話は一挙に満洲に飛んでしまっているが、谷の頭を去来していたものは満洲に被害を及ぼすわけにはいかないという思いであったろう。谷は日本の利益保護のため中国側の兵力を利用するとして、呉俊陞という人物の名を挙げている。呉は張作霖配下の軍人だ。一見不可解だが、北支に於いては警備を依頼できる関係にあったと解する他ない。

では肝心の山東警備はどうするのか。谷は済南は満蒙の緩衝地帯という見方を示したうえで、出兵は中国国民をしてアンタゴナイズする虞ありという。アンタゴナイズ—敵対させるというわけであり、中山は「済南ニ対シテハ、徐州陥落シ非常ナル危険切迫スル場合ニハ、青島ニ引揚クヘキコトヲ領事限リノ含ミトシテ既ニ訓令済ミナリ」と述べた。即ち先の幣原外相の藤田総領事に指示したことを繰り返したのであった。林桂軍事課長は、「兵略上ハ済南出兵ハ甚タ有意義ナリト思考スルモ、今日ノ所ハ暫ク未決定ノママトシ置キ度シ」と言って、特に出兵を主張することはしなかった。重藤千秋、この人は満洲事変前後にいろいろ名前の出る軍人だが、林と同様強硬な発言はしていない。陸軍としては、ひとまず外務省の引揚げ方針に異論はなかったとみられる。

幣原の口にした江蘇方面の戦局は、ある重大な事件により一頓挫を来たしていた。国民党が、党内の共産党員を弾圧した四・一二クーデタである。この内紛により北伐の動きが一時ストップしたのである。周恩来もこの時逮捕され、国共合作は三年間で終わりを告げた。時を同じくして日本でも政変があった。外務、陸軍当局が山東問題を話し合った四日後の四月二十日、田中義一政友会内閣が発足した。田中は前述の通り、就任直後の議会演説で、中国政策については幣原路線の継承とも取れる姿勢を示した。北伐は五月に入って再開され、十三日に徐州が南軍の手に陥ちた。いよいよ済南に向かってくる北伐軍に対し、田中内閣は前内閣時代の引揚げ方針を採るのかどうか決断を迫られることになった。

この時、外務省は事実上政務次官の森の手中にあった。森は総理官邸に出向くと田中にこう告げた。

「外務大臣、そろそろ山東方針をはっきりせねばなりません。一体どうしなはるお積りですか」

森は先ず、外相田中に問いかけ外務省としての決定を促した。

「今回は満洲ではないからのう。兵力は青島の陸戦隊を使えばええ」

すかさず森は声を大きくした。

「陸戦隊の水兵など大した数ではありませんぞ。山東は日本の利権が分散しております。一定規模の兵力が要ります。居留民は避難させたかて、鉄道や倉庫は人で守らねばなりません」

「満洲の外に兵を出すのは心配だがのう」

ここで森は声を落し、一語一語をゆっくりと語りかけた。

「よろしいですか。満洲の隣ですから兵力を出すんです。満洲に北だろうが南だろうが入ってこられて、ムチャをやられたらたまりません。山東でしっかりと日本の姿勢を見せることです。これで方針は決まりや。あとは大臣から総理に報告願います」

田中は妙な顔をした。森は笑いながら、

「ご自分で納得すればよろしいのです。大将は一人二役の御方やから」

以上は幾分脚色を加えたやり取りであることは論を待たない。しかし方向はこの通りとなっていく。

二十四日の閣議後、田中総理は白川義則陸相、岡田啓介海相を呼び寄せた。事前に白川陸軍大臣から協議の要請があったためだ。総理（外相兼任）、陸軍、海軍の話し合いで、「済南方面居留民保護ニ関スル件」が決まった。保護策として、婦女子、小児は直ちに青島に避難すること、その他居留民は少数の者を除き膠済鉄道の一地点に避難するという内容であった。これだけ見れば幣原外相の方針と同じだ。しかし、最後にその他の項目があり次のように書かれてあった。

「前記居留民保護ノ為、必要ナル陸兵ヲ済南ニ派遣スルコトトシ之カ準備ヲ整フルコト」

実にこの項目こそ、政友会田中内閣が打ち出した積極的保護策であった。第一次山東出兵である。森が陸軍とどのような話をしたのかはわからない。森は周囲に、「もし田中が出兵に同意しなければ総裁を引退させる」と息巻いた。陸兵は国内からではなく、関東軍から二千名を青島に派遣することとなった。

また海軍は、第二遣外艦隊を山東方面警備に向かわせた。田中内閣は二十八日に政府声明を発表して、出兵は邦人の生命財産保護のためであり、不祥事を予防するやむを得ざるものであることを強調した。陸軍当局もわざわざ談話を出し、派兵は南北両軍の軍事行動とは何の関係もなく、できるだけ速かに撤兵したいと言明した。ことに鈴木荘六参謀総長は、派遣部隊長に次のように指示している。

「其任務達成上特ニ外務官憲ト密接ナル連繫ヲ保持シ、渉外事項ニ就テハ任務ニ直接関係アルモノノ外、外務官憲等ノ処理ニ委セル如ク、真ニ必要已ムヲ得サル場合ニ限リ武力ヲ使用スルコトヲ得」（『昭和三年支那事変出兵史』）

陸軍は基本的に慎重であった。

シベリア出兵の裏側

田中総理は、内心では出兵に反対であったと筆者はみている。それは、シベリア出兵の失敗から来ている。日本がシベリアに陸兵を出すことを決めたのは、第一次大戦の末期である大正七年八月であった。すでにウラジオストックには海軍陸戦隊が上陸していたが、本格出兵に至るまでには実に複雑な経緯を辿った。出兵目的とされたのは、チェコスロバキア兵の救出である。元来チェコ兵は、オーストリア軍の一員として、ロシア軍と戦うべく東部戦線に在った。しかしチェコ独立という民族意識と、同じスラブ民族という感情から続々とロシア軍に投降した。しかし革命でロシア帝国が崩壊すると、不安定な状況下に置かれた。ボリシェビキ兵士との衝突も発生し、日本は米英から共同出兵の要請を受けた。孤立したチェコ兵を、三国の兵力で護衛して極東まで送り届けるという作戦であった。田中は参謀次長としてシベリア出兵を推進した。チェコ軍救援という人道的目的のもとに。

出兵目的、つまりチェコ軍を無事に極東まで護送する任務は、翌大正八年には終了した。しかし実際の駐留は何と大正十一年まで続けられた。最初に派遣された時の総司令官であった大井成元中将は、出兵は別の所にあったのではないかと回想している。「これは陸軍のある筋で、一つの重大な計画を立てているのであろう。ついにアメリカがチェコ軍救援を提議してきたのをとらえて、これを大陸に兵を出す一つの好名目としようという手がうごき、内閣のほうにもその手がのびていったのではないか」というのだ。重大な計画とは何か。領土の獲得か、ソビエトとは異なる非共産党国家の樹立であろう。出兵の長期化は原内閣の悩みの種となり、田中は陸軍大臣として今度は撤兵に散々頭を悩ましたのである。

─あの時のシベリア情勢は、ソビエト赤軍、旧ロシアの白系軍、それに日本を含む各国軍が混在していた─

─赤軍は南軍、白系軍は北軍だ、それに外国軍は日本だけではないか、これは簡単に派兵すると衝突の危険があり得る─

田中の脳裡にはこうした思いがよぎっていたはずだ。これを明確に打ち砕いた人物が、森恪であったことはまちがいない。森外交には国民的期待があった。当時外務省にいた森島守人も自著のなかで述べる。

「田中、森外交にはいわゆる積極主義である。山東出兵は、強気な森次官が遮二無二出兵まで引きずっていったのであった」(『陰謀・暗殺・軍刀』)

森以外にも、閣内で田中に対して積極的に進言する者がいた。鉄道大臣の小川平吉である。小川平吉とは宮澤喜一元総理の先祖筋にあたる人物だが、元々中国政策には一家言を持っていた。田中内閣成立の時、「時務管見」なる提言を総理に出した。このなかの対支外交では積極策を唱えている。

「東洋永遠の平和を目的として相互諒解、相互援助の方針を執ること、彼の絶対不干渉を標榜して隣邦の興亡を対岸の火災視するが如きは、決して東洋永遠の平和を図る所似にあらざるなり」

森や小川らの積極論が、出兵への流れを作ったと言えよう。

出兵は避けられぬと観念した田中は、枢密院に伊東巳代治を訪ねて知恵を借りている。枢密院とは、帝国憲法五十六条に書かれている、第三の議院とも言うべき奥の院であった。内外の重要国策について、政府の出席を求めて審議する。これには天皇陛下も出席される。政府側は天皇の質問に答えるという形をとるわけだ。なかでも伊東巳代治といえば、伊藤博文の側近として頭角を表わし、多年にわたって政府の監視役を果たしてきた黒幕であった。伊東の伝記には田中とのやり取りが次のように記されている。

伊東──「貴公は将棋を知っているか」

田中──「いささか心得ておりますが」

伊東──「それでは将棋には、手のない時には端の歩を突けということがある。外交手段で手がないというのならば、これを応用したらよいであろう」

田中──「意味がわかり兼ねますが」

伊東──「一国の総理が、この程度のことがわからないようでは困る。どうしてもということであれば、内地からではなく、外地の兵力を利用すればよいということだ」

事実、出兵手段は伊東の言葉通りとなった。

かくして関東軍からの出兵が実現したのだが、六月になって東方会議が開かれる。そして前述のように、〝支那に於ける帝国在留邦人の生命財産が不法に侵害される場合は断固たる自衛の措置〟が決まる。この結果、青島に留まっていた二千名は、済南に進出して警備に当たることになった。しかし当地の日本人は避難を完了しており、済南に残っている日本人は限定されていた。それなのに何故出ようとするのか。日本政府は七月六日の声明で、青島—済南間の鉄道が戦闘のため遮断される恐れがあり、そうなれば内陸まで行けないからと理由を説明している。あまり説得力のない言い分だが、北伐総司令官蔣介石は直ちに日本側に抗議した。上海にいた蔣は日本の領事を呼んで、軍内での排日運動を抑えている最中に何事であるかと難詰した。このまま推移すれば、何かの拍子に日中両軍の予期せぬ衝突が起きないとも限らなかった。

幸いにもこの心配は、国民革命軍自体が打ち砕いてくれた。四・一二クーデタの後遺症が北伐軍内に残っており、容共派の一部が蔣介石打倒の軍事行動に出たのである。このため八月になってからは、国民革命軍は徐州まで進んだ以上は進撃が止んだ。日本の居留民は、相手の内紛によって救われたのであった。八月三十日、日本政府は派遣軍に帰還命令を出した。その際に特別声明を出し次のように警告した。

「将来支那ニ於テ独リ同方面ノミナラス多数邦人居住ノ地方ノ治安定マラス、為ニ禍害再ヒ邦人ニ及フノ虞アル場合ニハ、帝国政府トシテ機宜自衛ノ措置ヲ執ルノ已ムヲ得サルモノアルヘシ」

これは解釈次第によっては拡大も可能なもので、まことに要らざる一文と言えよう。外務省アジア局第一課長の谷正之の進言と言われるが、背後に森がいたのはまちがいなかろう。「撤兵は早すぎる」と森は叫んだのである。

二、引きずりこまれた第二次出兵

謎の日中首脳会談

昭和二年九月、蔣介石はひとりの浪人という身分で日本にやって来た。八月に北伐軍総司令官の職を辞した蔣にとって、一見物見遊山を装いながらも、日本の総理大臣と会う重要な目的があった。東京に着いた時、次のようなステートメントを出している。

「貴我両国民は、一致して東亜の平和に努力するため、まず中国国民革命の完成を謀り、真正なる両国歓喜の基礎を建てなければならぬ。かくしてここに同文同種、共存共栄の理論は、はじめて実現し得るのである」

日本の済南出兵に対し、蔣介石は日本領事を呼びつけて強く抗議した。発表したステートメントは、中国統一の意義を日本国民に訴えるものであった。国民革命について、日本政府首脳はどう考えているか。統一に賛成なのか、反対なのか。蔣としては、総理大臣の真意をつかんでおかなければならなかった。

十月二十三日、蔣は孫文ゆかりの日本人を招いて思い出談義に花を咲かせた。場所は日比谷の中華料理店陶々亭。会した面々は、頭山満、内田良平、萱野長知、佃信夫、宮崎竜介、梅屋庄吉らであった。何れも辛亥革命前後から孫文を支援してきた民間志士である。このうち萱野長知はこの陶々亭の経営者であり、後の満洲事変時に登場して重要な役割を果たす。梅屋庄吉は長崎の貿易商で、孫文を中心とする革命派に終世資金援助を惜しまなかった。その梅屋庄吉の大久保の家にも蔣介石は訪ねている。庄吉の娘千勢子の回想によれば、歓談中に庄吉はこの客人を怒鳴りつけたという。蔣が、アメリカへの亡命という弱気を見せたからだというのだが、本心ではないことは明らかだ。蔣介石は多分、庄吉が今後も援助を続けてくれるかどうか、確かめたかったのであろう。庄吉の怒鳴り声に安心した蔣は、いよいよ田中義一との会談に臨んだ。

梅屋庄吉邸での蔣介石

十一月五日、東京青山の田中義一邸に四人が顔をそろえた。主人田中の傍らには陸軍少将佐藤安之助が居り、客人蔣介石には側近の張群がつき添った。張群は、国民党政府の行政院長や外交部長を務めることになる人物だ。この席に森恪も顔をのぞかせ、しかも場所は箱根としている本もある（山浦貫一『森恪』）。しかしこの田中―蔣会談は、日本外交文書にも記録されている公のものであり、東京青山の田中私邸での四人と書かれている。蔣介石は表面上は無冠ながら、まさしく日中首脳会談だったと言えよう。

二時間にわたった会談は、客人が主人に教えを乞うという形で始まった。田中は北伐成就の策を次のように語った。
田中―「此際トシテハ、大局上先ツ長江以南ヲ纏メルコト急務ナルヘク、之力為ニハ貴下ヲ措イテ之ヲ実行シ得ル人他ニ存在セス」
長江、つまり揚子江以南を完全に掌握するのが第一と、田中は蔣にアドバイスした。それは、北伐に向かう国民革命軍の統制をも意味していた。第一次北伐の失敗は、北方の敵ではなく唐生智という身内の反乱があったからである。四・一二クーデタで共産党と縁を切ったはずであったが、蔣の権力基盤はまだ不安定であった。蔣は財力を得るために、浙江財閥の娘である宋美齢との結婚話を進めていた。彼女の母親は神戸に住んでおり、結婚の承諾を得るのも日本訪問の重要な目的のひとつだったのだ。
田中―「国際関係ノ許ス限リ又日本ノ利権其他ヲ犠牲トセサル限リニ於テ、貴下ノ事業ニ対シ充分ノ援助ヲ惜マサルヘシ」
補足して田中は、日本は中国の内戦には一切干渉することはないと断言した。この言葉は蔣を満足させたことであろう。日本の済南出兵に疑いを持った蔣は、統一事業に日本が如何なる考えを持っているか、是非とも最高指導者の口からはっきりと聞いておきたかったのである。しかも田中は、統一事業に対し〝援助〟を与えるとまで言った。これは客人にとっては思わぬ収穫であったことだろう。笑みを浮かべる蔣に、通訳の張群はささやいた。「油断はなりません。あくまで日本の利権を犠牲としない範囲ですよ」と。
蔣―「自分モ支那ニ於ケル日本ノ利益安全ナレハ、支那ノ国利民福モ亦安全ニシテ畢竟両国ノ利害ハ共通ナリト信スルモノナリ、之力為ニハ早ク革命ヲ成就シ時局ヲ安定セシメサルヘカラス、此意味ニ於テ支那軍隊ノ革命運動ハ支那及列強ノ利益ヲ目的トスルモノナリ」

中国が統一してこそ、中国国内の日本利権はしっかりと守れるのだという。それは日本のみならず、諸外国の利益をも守ることになる。北伐による南北統一と、諸外国の利益保護は一致するのだと蔣は言ったのだ。まことに立派な見解なのだが、統一中国が国際慣例を尊重してくれないと口先だけのものとなる。実際は統一中国は慣例無視の道をたどるのだが、この時は両者とも先のことはわかるはずはない。田中は話題を転じた。

田中—「世間動モスレハ、日本カ張ヲ助クルモノノ如ク称道スルモノアレト全ク事実ニ相異ス、日本ハ絶対ニ張ヲ助ケ居ラス、物資ハ勿論、助言其他一切ノ援助ヲ為シ居ラス、日本ノ願フ所ハ唯々満洲ノ治安維持ニアルノミ安心アリタシ」

—この親父め、よくもそんな偽りを言えるな—と、蔣介石は胸の内で思ったことだろう。蔣が、日本と張作霖との密接な関係が反日運動の原因となっていることを指摘したのに対し、田中は一言のもとに否定したのだ。ふつうに考えても田中の言葉はおかしい。張作霖のもとには今も日本人の軍事顧問がいた。彼には中国夫人のみならず、繁勇と小鈴という二人の日本人妻までいるのだ。田中の言は、最近になって張作霖が反日的政策を執り始めたことに対する、一種のうらみ節であると蔣はとらえた。ここで会談は一気に核心に入る。

蔣—「故ニ日本ハ吾人同志ヲ助ケテ革命ヲ早ク完成セシメ、国民ノ誤解ヲ一掃スル事必要ナリ、而シテ事如此ナルニ於テハ、満蒙問題モ容易ニ解決セラレ排日ハ跡ヲ絶ツヘシ」

革命を助けて欲しいと、このニューリーダーは再度訴えた。そうすれば、日本の最大の関心事である満蒙問題も解決するというのだ。〃解決〃とは、満洲に於いて日本の満足のいくようになるという意味だろう。革命援助と満蒙問題が連結していることになる。そして蔣介石は、畳みかけるように驚くべきことを口にする。

「今ヤ支那ト交渉アル列強ハ数多キモ、其ノ真ニ緊切ナル利害ヲ有スルモノハ日露ノ両国ニ過キス、露国ハ此ノ意義ノ下ニ支那ニ干渉ヲ加ヘタリ、日本何ソ干渉援助ヲ加ヘ得サルノ理アランヤ、革命党タル自分カ如此言ヲ做セハ売国奴トシテ国人ノ怨怒ヲ招リヘキモ、閣下ハ自分カ信頼スル先輩ナルカ故、衷情ヲ披瀝シ閣下ニ訴フルニ過キサルノミ」(傍点筆者)

露国の干渉とは、第一次国共合作時代のソ連の軍事援助を指している。今やソ連は出ていったので、代わりに日本が来てくれと迫っている。〃干渉援助〃をしてくれと蔣は言っているのだ。援助ならわかるが、干渉とは何を頼んでいるのであろうか。田中義一は、貴下の心底を聞いたとだけ答えて会談は終わっている。欧米国同士の会談ならば、こうした場合は秘密の合意事項として文書に残すであろう。お互いの確認をはっきりとさせるためだ。だが東洋の二国はそうはしなかった。蔣にしても、唯干渉援助という言葉を使ったのみで中味については言及していない。そういう意味で、謎の日中首脳会談と言ってもよい。浮かびあがっていることは、何よりも中国の統一が第一であること、そのために日本の干渉が必要なことだ。蔣介石みずから売国奴となっても悔いない程の〃干渉〃が。

出兵に反対した陸軍

昭和三年になって、北伐軍総司令官に返り咲いた蔣介石は、陣容を建て直して進撃を開始した。今度は馮玉祥、閻錫山という北方の大物軍閥と提携し、三方向から張作霖を囲むという作戦であった。蔣自身は十五万の兵を率いて、上海と天津を結ぶ津浦鉄道に沿って進んだ。その兵は三月三十一日になって揚子江を渡り、早くも四月中旬には山東省南部に到達した。向かうところ敵なしの勢いに、山東軍閥の張宗昌は動揺を見せ始めた。北伐軍は前年と全く同じ進路であり、済南に入るのは確実と思われた。四月十六日、済南駐在の酒井隆少佐（次章で顔を出すことになる）は参謀総長に意見具申をした。

「帝国ハ出兵ヲ決心スヘキ時機ニ到著セリト認ム、南北軍共ニ土匪ト大差ナク、排外空気ノ濃厚ナルタケ南軍ハ危険ニシテ、又縦ヒ南軍ノ不誠実ナル声明ニ依頼スルトスルモ、南軍ハ北兵退却時ノ発生事件マテニモ責任ヲ負フモノニアラス」

不誠実な声明とは、前年暮れに蔣が南京の岡本領事に伝えた話を指している。済南方面の日本人保護については、南軍が責任を持つという言明であった。同じ十六日、青島総領事と済南総領事も外務省に出兵要請電報を打った。

その外務省を握る森恪の動きは慌ただしくなった。政友会幹部との会合、閣僚ひとりひとりを訪ねての意中打診、さらには陸軍の知己を通じて尻をたたいた。こうしておいて官邸に田中を訪ねた。

「総理、本日は満蒙政策のご高見をうかがいに参りました」

てっきり出兵を問われると思っていた田中は拍子抜けした。

「それは支那本土の統一と、満蒙は別問題だということだ。満蒙は自治というような制度を適用せねばのう」

森はポンと膝をうった。

「満蒙の利権は絶対確保するというご意志ですな。この森も同じだす。それでは満蒙に南軍を入れないためにも、押えの意味で兵が要ります」

田中はひとまず許諾を与えずこう言った。

「そうした理由は前回も聞いたよ、それよりも森君、陸軍、ことに参謀本部が同意するかのう」

田中の予想通り、陸軍は意外な反応をみせるのである。

四月某日、外務、陸軍、海軍三者の要人が顔をそろえた。外務省アジア局長有田八郎、陸軍省軍務局長阿部信行、海軍省軍務局長左近司政三。議題は勿論北伐に対する方策である。有田はこの時の様子を、自著『馬鹿八と人は言う』に書いている。それによれば、第一に出兵に反対したのは陸軍であったという。軍務局長の阿部、さらに阿部を通じて参謀本部第二部長（情報担当）の松井石根も反対であった。左近司軍務局長の意見は記述がなく、有田すなわち外務省の考えも記されていない。中途半端ながら、陸軍の反対だけははっきりしている。有田は出兵に賛成した人間として、鉄道大臣の小川平吉の名を挙げている。

昭和三年の陸軍首脳部は、どんな顔ぶれであったのか。陸軍大臣は、宇垣一成と同期生（陸士一期）の白川義則、次官は英才の名が高い畑英太郎であった。参謀総長は変わらず鈴木荘六、次長南次郎である。陸軍省では、軍務局長の阿部が反対論を唱えたというから、大臣、次官も同意見と推定されるが、参謀本部はどうであったか。特に作戦担当の第一部である。第一部長は、犬養、斎藤内閣の陸相となる荒木貞夫であった。朝日新聞記者橘川学は、『秘録陸軍裏面史・将軍荒木の七十年』を著したが、この時の件をこう書いている。「ところが翌三年四月再び山東方面の形勢悪化の兆に、若し居留民を保護するのなら今回も万全のため機を逸せず出兵して、北伐軍の到着による事故の発生を未然に防止せん事を将軍は政府に要請したのであった」というのだ。つまり出兵論者と言ってよかろう。

これと正反対なのが、東京日日新聞（現毎日新聞）記者岡田益吉の著書『危ない昭和史』である。「参謀本部第一部長荒木貞夫少将も絶対反対で、ついに内閣側と森の強硬な申し入れによって、熊本の第六師団（師団長福田彦助）五千名を、平時編成のまま四月二十五日青島に上陸せしめ、先頭部隊斎藤旅団は同月二十六日、済南に到着した」というのが岡田の筆だ。「今回の出兵は何が何だかわからない」と荒木は言ったという。共に陸軍省を担当しながら、橘川と岡田の違いは取材力の差なのか、荒木に対する観察の相異なのか。真相に迫るのには別の資料が必要となる。

二回にわたる山東出兵の記録は、参謀本部がまとめた『昭和三年支那事変出兵史』という大著に詳しく記されている。このなかに、昭和三年の出兵の経緯について次のように書かれているのを見落してはなるまい。

「陸軍中央部ニ於テハ、政府ニ出兵ヲ慫慂促セントスル意見豪モナク、寧ロ之ヲ抑制セントスル意見多カリシモ、政府ニシテ出兵ヲ断行スルトセハ既ニ其時機ニ到達セリトノ意見ニシテ、参謀総長ハ十六日陸軍大臣ニ此旨通告セリ」（傍点筆者）

この一文は、先の荒木の言を補ってもいる。〝居留民を保護するのなら〟というフレーズは、〝政府ニシテ出兵ヲ断行スルトセハ〟に合致しており、政府が居留民保護のため出兵することを決めたのなら、という意味になる。この文章は、そもそも陸軍は出兵には反対であったことを物語っているのだ。参謀本部そのものが著した本のなかにわざわざ反対意見を挿入したことは、よくよく陸軍の立場を強調したかったということだろう。作戦課長は、昭和陸軍史に名を残す小畑敏四郎であったが、出兵には反対であったとの証言がある（近衛文麿関係文書目録）。

陸軍が反対であったという根拠をもうひとつ挙げることにする。「昭和三年支那事変政史」という草稿が存在する。これは田中義一文書のなかに収められているもので、次のような記述がある。

「本出兵ニ際シ、軍部ハ此種派兵ノ動モスルハ中外ノ猜疑ヲ招キ、支那北方軍閥ノ援助或ハ侵略行為ト誤認セラレ且万一日支両軍間ニ（一字不明）ヲ醸サンカ、軍部ハ軍ノ威信保持ノ必要ト政府ノ政策トノ中間ニ介在シ、甚シキ苦境ニ陥ルヘキニ鑑ミ、其時機及方法ニ関シテハ特ニ慎重ノ態度ヲ持セリ」

実に聞くものをして頷かしめるものがある。陸軍はまともであったのだ。この草稿が基となって、参謀本部の出兵史になったものと推される。筆者（篠原）は、この草稿本の標題に注目する。「昭和三年支那事変政史」という。〃政史〃というところに注意したい。結局陽の目をみたのは出兵史であったが、元々は〃政史〃としていたのだ。これは含蓄ある題名である。内容は戦闘報告が大部分を占めている。だが本当に言わんとしたことは、政治の必要から出兵したのだ、ということではなかったか。

第二次山東出兵は文民主導の政略出兵

昭和三年の春四月、大阪はちょうど満開の桜に彩られていた。外務政務次官森恪は、生まれ故郷の大阪に入り政友会の外交を熱っぽく訴えた。

「支那の統一を困難ならしめているのは、政友会内閣であると民政党は攻撃している。排日、排貨運動が起きるのは、政友会内閣の責任であるとの主張である。それにはこうお答えしよう。支那の統一を阻害し、その秩序混乱を助長せしめ、迷惑を我が国民に与えたのは誰れか。それこそ、民政党の表看板である幣原外交の責任ではないか。我が田中外交はそうではありません。国民の声を聞く外交です。山東出兵は、危険に陥れる我が居留民の生命、財産を擁護せんために、現内閣の為す当然の責任であります」

こうした論法は、一般庶民には納得のゆくものであった。何よりも、同胞の生活を題材にしているからである。森は最後に一段と声を張りあげた。

「みなさん、正義と人道は表面的な旗指物でっせ。事が成るか敗れるかは、力の如何にかかっとります」

森は積極的に講演会に出て、国民各層に積極外交を浸透させようとしていた。

四月十七日、陸軍大臣白川義則は閣議で済南方面への出兵を提案した。十九日、内閣は出兵を閣議決定する。第二次山東出兵は、前回に比べて規模が大きくなった。第一次出兵は、伊東巳代治の〝端の歩〟に従って関東軍から一部を出しただけだったが、今回の主力は熊本の第六師団であった。しかも今度は、最初から山東鉄道沿線に派遣すると宣言していた。情況を見ながら動くのではなく、済南に兵を送ることを事実上明言したと言ってよい。

蔣介石の回想によると、兵はともかくとして、派遣軍司令部を済南に移すことは、参謀本部は迷っていたという。しかし師団長福田彦助の判断で、済南移駐が行われたことになっている（『蔣介石秘録8日本帝国の陰謀』）。派兵決定が現地に伝えられると、済南居住者の内、婦女子と子どもは青島に避難した。成年男子については、山東鉄道沿線に避難した者と済南にとどまって派遣軍の保護下に入った者との二通りあった。こうした対応は前回と同じである。一次出兵と二次出兵で明らかに異なるのは、日本からの派遣軍五千名の兵力ということと、済南進駐をはっきりさせたことである。この強気の背景は何であろうか。

それは、山東省の日本利権を守るという強い意志表示であろう。森はこうした点を、講演を通じて一般大衆に植えつけた。勢い前回よりも強気にならざるを得ない。第二次北伐は成功する公算が大きいとみられた。済南附近が戦場となった場合、日本への被害を最小限にするためにも、派遣軍の規模を厚くする必要があったのである。森と親交のあった軍人に鈴木貞一という人物がいる。鈴木は後の近衛内閣で企画院総裁となるが、この頃は参謀本部の作戦課勤務であった。鈴木は出兵の理由を一言で説明している。曰く、「政友会の人とかが、現地を保護しなくてはいかんとワンワンいうわけだ」と。つまり、政治家の要請が強かったということだ。鈴木は更に陸軍の意中を次のように吐露している。

「参謀本部は絶対に出兵したくない。陸軍省にも出兵不要を説明した。田中総理は自分は出兵したくないが、政友会声明から是非出さねばならない。出したくないけれど出すのだから天津から二個中隊ではどうか。それでは尼港事件のようなことが起れば困るから、絶対に革命軍に敗れないだけの兵隊を出して、戦いはしないような方法を取る以外にない」（「鈴木貞一談話速記録」）。

尼港事件は、シベリア出兵中の大正九年一月、アムール河口のニコラエフスク（尼港）で起こった日本人虐殺である。政友会声明とは、前年の八月三十日のことを指している。鈴木の証言は、政党、この場合は政友会が主導して二次出兵に踏み切らせたことを語っている。

第六師団の先遣部隊は四月二十五日に青島に上陸し、二十七日までに全軍が青島に入った。北伐軍はいよいよ済南に迫り、山東軍閥張宗昌との衝突は必至とみられた。しかし形勢の不利を覚ったのか、張宗昌は三十日になって済南附近から退却していった。これより前、第六師団は済南の警備に就いていたが、北伐軍はいささかの乱れもなく、日本軍の脇を通って済南城に入った。日本軍は、済南城の西側である商業地区に集結していた。五月一日のことである。状

甲冑姿の日本兵
（毎日新聞社提供）

況は一見安定していたが、両軍が隣合うという奇妙なことになった。日本軍は、南北軍交戦の余波から日本人を守るために済南に入ったはずであった。しかし戦闘は行われず、これまでのところ蔣介石軍は統率されている。表面的には日本軍駐屯の意味が薄れたのである。

二日、蔣介石は軍事顧問として同道していた佐々木到一中佐を通じてメッセージを伝えてきた。南軍は絶対に治安維持を行うので、日本軍は速やかに撤兵して欲しいという要請であった。日本軍の守備区域内に避難していた居留民は、事態を楽観して三々五々自宅にもどりつつあった。異変は翌三日起った。

三日午前九時半頃、済南城の城門に近い日本人家屋が破壊されているという一報が、日本軍にもたらされた。日本兵が現場に急行した直後、商業地区の別の場所でも日本人家屋の掠奪が行われている報告が入った。中国側の言い分は、民家に立ち寄って負傷者の手当てを頼んだら、日本人から撃たれたという。また、家屋に張紙をしていたら銃撃を受けたということであった。当然のように日中双方の間で銃撃戦が始まった。偶発的なものなら、すぐさま収まったであろう。しかし一方は戦意に燃える北伐軍である。日本軍としても応ぜざるを得ない。戦火は一挙に大きくなった。一時的に交戦は止んだが、このあと一週間にわたって日中の武力衝突が続いたのである。日本軍は済南城の北伐軍を砲撃して大打撃を与えた。これを済南事件と呼んでいる。

佐々木中佐は極めて的を射た証言を残している。

「冷静に考えれば、革命軍がかりに軍紀厳正な軍隊であるとしても、敵愾心というものは、それを超越して衝突の機会を作る。両軍ともに指揮官は無益の闘争を制止していたのにもかかわらず、下の方では双方の敵愾心と、これを露骨に表現する行動からついに大事に至った」(『ある軍人の自伝』)

つまり、敵愾心こそ衝突の源であるというわけである。しかし、北伐軍にとっては敵とは張作霖軍や張宗昌の兵のはずだ。済南警備の日本軍は中立であり敵ではない。だから本来ならばぶつかることはない。けれど佐々木は〝敵愾心〟が生じたと言っている。筆者が冷静に考えても、日中両軍の武力衝突は不可避だったのではなかろうか。つまり異なる国の軍隊が偶々対峙することになった。中国側―北伐軍は、前年来戦闘を繰り返して来ている。戦意旺盛な軍隊と、日本人保護のために警戒している軍隊が隣り合えば、お互い敵同士でなくとも敵愾心は起きるものだ。自然の成り行きであろう。蔣介石はおそらくこの危険性に感づいたのだと思われる。

しかし時遅く両軍は衝突した。日本からすれば、第二次山東出兵は明らかに失敗であった。北伐軍との衝突は避けるべきことであったからである。鈴木貞一は失敗を次のように結論付けている。

「これは僕は田中さんのためにも日本のためにも非常に言いたいが、日本の政党ですよ。結局民政党と政友会の争いで、民政党は引き上げ主義、政友会は現地保護ということで第一次山東出兵をやった。その第一次山東出兵をやって撤退するときに、再びこういう危険に迫られたときには兵を出すという声明をやっているわけだ。そのために政府は政党の声明の立場からやらざるを得ない。この政治の非常に悪いところでもあるんだ」

まさに文民主導の政略出兵であったことを裏付けている。しかし第二次出兵には隠された裏があった。これまで誰も見抜けなかった真実があった。出兵は相手の頼みでもあったということを。

蔣介石は日本の出兵を望んだ

第一次出兵と第二次出兵との重大な相異は、第二次出兵は意図せざる戦闘を惹起し、居留民にも死者を出したことだ。政友会の大看板である居留民保護に失敗したことだ。何故出兵したのかは、政友会の圧力によるものであった。森恪も当然この一員である。圧力は勿論あった。だが、見過ごされてきた資料を掘り返す時、従来思いもつかなかった見方が生まれてくるものだ。これから述べることは、常識論からすれば奇想天外かもしれない。だが真理とは、一見して背理とみられるもののなかに存在することもあるのだ。

田中―蔣会談の際、蔣介石は自分を助けてくれと頼んだ。その部分は次の通り。

「露国ハ此ノ意義ノ下ニ支那ニ干渉ヲ加ヘタリ、日本何ンソ干渉援助ヲ加ヘ得サルノ理アランヤ」

これに対して田中は、「貴下ノ腹蔵ナキ心底ヲ聴キ」と答えた。一体蒋介石は何を頼みたかったのか。田中は蒋の心底をどう理解したのか。二〇〇七年の『新潮45』八月号に、この会談の裏側についての記事が載った。それによれば蒋の頼みとは、日本の手によって張作霖を掃討して欲しいということであった。〝干渉〟の意味をこのように解したのである。確かに張作霖がいなくなれば戦わずして北伐は完成する。それにしても、張の命まで奪ってくれというのは破天荒な頼みというしかない。本当だとすれば、張作霖の運命は田中―蒋会談で決まったことになる。筆者は、〝干渉〟を違う意味に解釈するのである。

田中が蒋介石の依頼を、どう具体的にとらえたかについては、おそらく唯一と思われる文書がある。枢密院議事録に載った田中の発言だ。昭和二年も押し詰った十二月三十日、満蒙に関する報告を田中は外務大臣として行った。席上ひとりの枢密顧問官から、今後の山東出兵の可能性について質問が出た。田中は、山東の戦局は暫く展開はなく、よって現地が危険に陥るようなことはないと説明した。そして南軍（北伐軍）の行動については、日本人に危害を加えないとの保証はないとしたうえで、さり気なく次のように述べたのである。

「実ヲ謂ヘハ、我出兵ニ対シ南軍及馮軍ハ寧ロ之ヲ希望スルモノハノ如シ」（「満蒙ニ関スル外交報告」傍点筆者）

実にこの一言こそ、第二次山東出兵の裏側をのぞかせたものと信ずる。蒋介石が口にした干

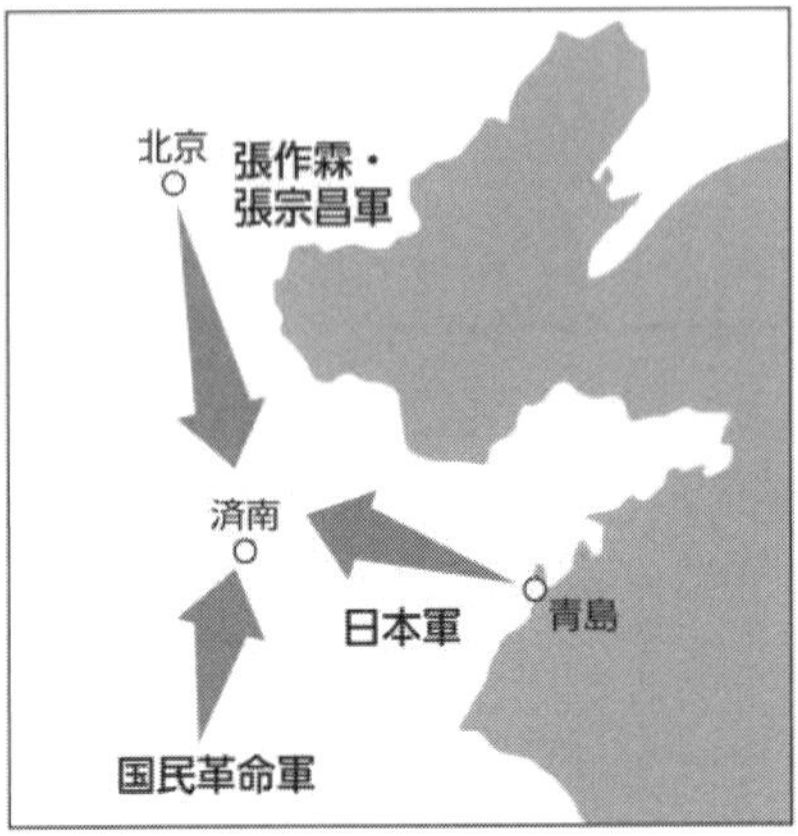

第二次山東出兵要図

渉について、田中は日本軍の出兵と受け取ったのだ。続けて曰く、

「要スルニ済南方面ニ於ケル邦人ノ生命財産ノ安否ハ自ラ之ヲ判断スヘク、出兵ヲ為スト為ササルトハ彼ノ希望スルト否トニ依ツテ之ヲ決スヘキモノニアラスト考フ」

このなかでも田中は、相手側の希望云々について繰り返している。日本軍出兵を蔣介石は希望した。田中内閣は、あるいは外交を牛耳っていた森は、この依頼に乗ったことになる。蔣介石は、なぜ日本の出兵を必要としたのだろうか。

蔣介石は田中に対し、自分は売国奴になってもよいと言った。それは、何らかの形で日本の力を借りるという意味だ。北伐を起こすにあたって、国民革命軍は国共合作の恩恵を受けた。特にソ連の軍事援助の力が大きく、教育面でも効果を発揮した。この点では、日本に留学した面々が、士官学校である黄埔軍官学校の教員になった効果も大きい。ソ連は、国共合作という天の時を利用して国民党にも浸透し、合わせて北伐の力にもなったのである。ソ連の干渉とはこのような意味である。しかし四・一二クーデタで共産党は追い払われ、後ろ楯のソ連も本国に引き返すこととなった。蔣介石としては、ソ連に代わる援助国が欲しかったのであろう。

実は、北方の張作霖軍に眼を転ずると、ここにも補助勢力が存在した。ソ連の干渉が伸びていたのである。正確には旧ロシア政府の軍人が、張軍の幕下にいたのだ。白系ロシア人の傭兵ではないかと推測される。このことを知った蔣介石は、ソ連、ロシアの干渉は北にも及んでいると思ったに違いない。そして第一次北伐後、発想を転換して日本を取り込むという策にでたのだ。しかし統一のために外国勢力、ことに日本を頼るのは民族としては恥である。そのため〝売国奴〟という言葉まで使ったのだろう。

では日本軍出兵が、どうして北伐援助になるのであろうか。南北統一のために出兵してくれということであれば、日本軍も合流して北軍と戦ってくれということであろうか。軍事同盟であれば共同出兵ということになるが、北伐は日本からみれば内乱であり、一方に加担して戦うことはできない。しかし軍隊の存在は無言の圧力となる。現代では、抑止力という用語として定着している。身近な例で説明するならば、日米安保条約で日本に駐留しているアメリカ軍である。在日米軍の存在は、日本を侵略しようとする国家に対し無言の圧力となっている。その効果は条約締結以来今日まで、一度も我が国が侵略を受けていないことで証明される。無言の圧力とは侵略の抑止なのである。昭和三年四月、済南に出兵した日本軍（熊本第六師団主体）は、一種の抑止力を期待されていたのではなかろうか。蔣介石は、日本軍をどう利用しようと目論んだのか。

蔣介石のシナリオを洞察すれば次のようになる。山東省に南北両軍が対峙し、その真中に日本軍が位置している。日本軍は同胞警備が任務であり、南北両軍に対しては中立である。両軍の戦闘で南軍―北伐軍が勝った場合は、日本軍の役割はそれこそ居留民保護で終わる。反対に南軍が敗退した場合、日本軍の役割が発揮されることとなる。北軍は勝ちに乗じて済南附近に迫ってこよう。この時日本軍が、様々な理由をつけて北軍の侵入を拒むことになったらどうか。北軍の進撃は鈍ることになり、その間に革命軍は陣容を建て直し再挙を図ればよい。もしも、追撃してきた北軍が日本軍を攻撃したら、その時は南軍にとって願ってもないこととなる。日本軍は直ちに攻撃に出て北軍に打撃を与えるであろう。北軍が傷つけば南軍は有利となる。戦場がどこかで状況は変わってくるが、蔣介石の目論見はこの通りであったろう。実際には南北はぶつからず、衝突したのは日本軍と南軍というシナリオ外の事態であった。済南事件発生を耳にした参謀本部は、四日午後二時南次郎参謀次長名で、現地に次の通り指示した。

「日支両軍衝突ノ機ニ乗シ、張宗昌、孫伝芳ノ北軍南下ノ虞ナシトセス、其際該軍ト帝国軍トノ腐レ縁ヲ結フコトハ絶対ニ之ヲ避クヘキハ勿論」

済南事件は、北軍にとっては願ったりかなったりであったろう。一挙に南軍を押しもどすべく進出があり得ると、参謀本部は予想したのである。参謀本部の指示は、この際は北軍に加担するなということであろう。

統一のために日本軍の力を借りる。利用するなど妄言と思われるだろう。けれど、蔣介石は利用した実例がある。済南事件の補償交渉は、翌昭和四年になって、日本側に有利な内容で解決した。派遣されていた日本軍は、当然のように帰国準備に入った。ところが蔣介石は、日本軍の帰国延期を要請したのである。済南事件で怨み骨髄の日本軍のはずだ。一分一秒でも出ていってもらいたいはずだ。その日本軍に対し、暫く留まってくれと申し入れてきたのである。北伐成った蔣介石であったが、この時はまだ権力基盤が強固ではなかった。北京では馮玉祥の勢力が強く、北伐時は手を携えたこの相手と衝突する可能性があったのである。そのため、日本軍の力を利用しようとしたのであった。また、北伐を助ける意味で出兵したとの証言もある。前記鈴木貞一は言う。

「兵を動かしたのは昭和三年の春頃で、それと同時に北伐もはじめる。北伐は約束通り日本が援けるというわけで日本も出兵することになった」（「北伐と蔣・田中密約」）

目的達成のためには、敵まで利用するのが蔣のやり方であった。

だが昭和三年の第二次北伐にあたり、蔣介石は日本側に重要なメッセージを伝えている。南京の岡本領事を呼んで、済南の安全については自分が責任を負うこと、日本が重ねて出兵するようなことはないよう願うと語ったのである。明らかに、田中義一との会談で述べたことと正反対だ。蔣の心中は揺れ動いていたのだろうか。さにあらず、本心とは反対のことを述べたに過ぎない。田中―蔣会談は私的なものとして設定された。特にその中味は、まさに秘中の秘なのだ。一領事の知り得るところではないのだ。表面上、対日強硬論という建前を申し入れただけと解釈すべきであろう。ではこの秘策に森は干与したのであろうか。裏付ける資料はみあたらない。あらゆるところに情報ルートを持つ森のこと、つかんでいた可能性は充分だ。田中―蔣会談の陪席者は、張群と佐藤安之助であった。張群は蔣の帰国後も日本に残り、日中の連絡役を果たしている。佐藤安之助は退役陸軍少将であったが、中国を現実的に観る穏健派であった。さらに会談をセットしたといわれる、参謀本部第二部長の松井石根がいた。こうした人々によって、蔣の真意が確かめられたとみるのが正当であろう。

蔣介石の秘策には、絶対に守らなければならない約束があった。日本軍と北伐軍が、現地で一切トラブルを起こさないということだ。もし両軍が衝突してしまえば、北伐軍は敵を誤り日本軍は居留民保護という大義名分が失われてしまう。それは南北統一を阻外し、対日不信を植えつけることにもなる。北軍に背後を襲われ、両軍共倒れになる危険性もあるのだ。現実には、予想された済南附近での南北戦闘は起きなかった。現場は一見するところ静かであった。しかし蔣介石は、静かな内にも危険な兆候を感じ取ったに違いない。南軍の戦意が日本軍に向けられる雰囲気があったのであろう。至急佐々木到一中佐を日本軍に向わせたのであった。しかし遅かったことは既述の通りである。蔣は、自らの誤りに気付いたに違いない。このためか、『蔣介石秘録』のなかでは、不思議なことに日本を批難するトーンが弱いのだ。

繰り返すが、第二次山東出兵は重大な失敗であった。後日冷静に見つめれば、日中双方ともが誤りを犯していた。蔣は〝売国奴〟という表現で、田中義一に出兵援助を依頼した。乗ってくれるかどうか、必死の賭けであったに違いない。田中は承諾した。無論このことを田中に問えば、日本は独自の判断で出兵したと強調するだろう。しかし枢密院でわざわざ相手側の依頼について言及したことは、田中自身がかなりの関心を示していたと言える。そして陸軍の反対を知りつつ出兵に踏みきった。蔣介石は日本を引きずりこもうとしたわけである。日本は様々な理由があるにしろ、安易に乗ってしまった。森恪や政友会の代議士達は、誤れる済南出兵へ向かって暴走した。その結果済南事件を生み、日本に対する不信感を増大させたのである。

山東出兵余話

済南で思わぬ痛手を受けた蔣介石であったが、北京はすでに指呼の間にあった。張作霖は戦う意志は充分であった。しかし大勢は如何ともしがたい。もし捨身の賭けに出るならば、北京平原で一大決戦に出る可能性が残っていた。外務政務次官森の動きが又もや慌ただしくなった。官邸にやって来て、ノックもせずに総理の執務室へ靴音高く入る。

「大臣、またまた重大事態ですぞ」

田中義一は浮かぬ顔であった。

「オラとしたことが、シナにうまく乗せられてしまった。ここしばらくは動かない方がええじゃろう」

森は首をふりふりまくしたてる。

「事件は予期せぬ突発です。気にせんでよろし。それよりも北伐成功の日が心配や。南軍にしろ北軍にしろ、敗残の兵隊が我が満洲に入ってこないとは限りませんぞ」

田中は自信あり気であった。

「少くとも南軍は満洲には入ってこん」

蔣介石の側近である張群は、田中との会談後も日本に残り各界名士と懇談を重ねた。その目的は、いろいろなやり方で日本を北伐に協力させることであった。昭和三年一月、張群は鎌倉の別荘に田中を訪ねた。田中を前にして具体的な要請が出た。日本の力で、張作霖を北京から引き上げさせて欲しいという。そうなれば、南軍は追撃をせず満洲には入らないと伝えた。つまり満洲での日本の利権は守ると言明したのである。張作霖に圧力を加えよとは、これもひとつの干渉と言ってよいであろう。中国側は日本の援助出兵という強硬策、戦わずして北伐を成し遂げる柔軟策というように多様な手段を用いたのである。田中の説明を聞いた森は、すかさず詰めが甘いと言い放った。

「南軍は済南事件で日本憎しがつのっております。北京決戦がなくとも、日本を敵とみて行動する可能性は大ありですぞ。南にしろ北にしろ、シナの大軍が我が満蒙の眼の前に迫ってきております」

森は、両軍に対し日本政府から警告を発せよと主張した。

これまで記してきたように、隣国の争乱が日本に悪影響を与えると判断された場合、日本政府は声明という形で警告を発してきた。大正十四年の郭松齢反乱の時は、幣原外務大臣が日本の権益を傷つけるなと発した。昭和二年の東方会議では、南京事件の直後であったため、満洲のみならず中国に於いて日本の権利が侵される場合は、断固とした自衛措置に出ると決めた。さらに第一次出兵のあとも警告文を出した。森の危機感は、今度こそ満洲のすぐ隣で争乱が起きる可能性があるということであった。そして敗れた北軍が満洲に逃げ帰り、所かまわず狼藉を働くという不安であった。当然日本人にも、満鉄にも被害が出るであろう。それを予防するための警告である。森は、「満洲治安維持声明」と題して文案をまとめ内外に声明した。五月十八日のことである。

「今ヤ動乱京津地方ニ波及セムトシ満洲ノ地モ亦将ニ其ノ影響ヲ蒙ラムトスルノ（一字不明）有ルニ至レル處抑モ満洲ノ治安維持ハ帝国ノ最モ重視スル所ニシテ苟モ同地方ノ治安ヲ紊シ若クハ之ヲ紊スノ原因ヲ為ス力如キ事態ノ発生ハ帝国政府ノ極力阻止セムトスル所ナルカ故ニ戦乱京津地方ニ進展シ其ノ禍乱満洲ニ及ハムトスル場合ニハ帝国政府トシテハ満洲治安維持ノ為適当ニシテ且ツ有効ナル措置ヲ執ラサルヲ得サルコトアルヘシ」

京津地方とは、北京と天津を含む河北省を指している。そして言わずもがなであるが、京津地方と境を接するのが満洲である。森は、満洲では事を起こすなと警告したのであった。

同日、武装解除の方針が閣議決定された。南北両軍何れも暴徒化して満洲に入ってきた場合は、日本軍の手で武装を解除するという。その要点は次の通りだ。

「北方の勢力をある程度保有することは必要である。南北両軍に対しては公平だが、実行は出先軍司令官の手加減と腹芸を要する」

閣議決定の文書に、手加減と腹芸が出てくるのは珍妙である。日本政府の本音が如実に表われている。北方の勢力維持のために手加減と腹芸をしろとは、張作霖の方には手を抜けということだ。済南事件の際には、陸軍中央は、北方軍閥と腐れ縁を結ぶなと現地に指示した。ところが今度は、軍は北方軍閥を維持せよと決定する。田中─蔣会談で、張作霖を支持していないと大見得を切った田中義一だったが、オラが内閣で真実を表明してしまった。察するところ、満蒙問題という魔語に森がとりつかれていたのであろう。森、田中らは文民であることに注意したい。

満洲治安維持声明や腹芸文言は、思わぬ波紋を外地軍にまき起こした。武装解除があるとすれば、その役割は当然関東軍にやってくる。関東軍はすでに四月、斎藤恒参謀長の名で、山海関または錦州附近に兵を進めることを陸軍省と参謀本部に具申していた。田中内閣は前年の八月三十日、既述の通り声明を出していたから早めの準備と言えた。現地軍は敏感であり、満洲との接点である山海関と錦州で北伐の動静を監視しようというわけである。これに対し軍中央では、南次郎参謀次長の名で関東軍司令官（村岡長太郎大将）へ指示した。

「附属地外ニ向テスル出動ハ、政府ト協調ノ必要モアリ貴官ニ対スル新任務ノ発令後ニセラレ度」

参謀本部は慎重な姿勢を崩していなかった。この指示も、あたり前のことを言ったに過ぎない。関東軍というのは、遼東半島南部の関東州と南満洲鉄道の防衛が任務である。だからこの地域を離れて兵を進めることはできない。任務地外の行動には新たな命令が必要であった。こんなことは関東軍は百も承知のはずであったが、軍中央がわざわざ電報を打ったのにはわけがあった。関東軍独走という情報があったからである。南軍にしろ北軍にしろ武装解除に応じない場合は関東軍と戦闘になる。あるいは、張作霖の兵が敗れて満洲で掠奪を始めた時は、それこそ治安維持のために鎮圧せねばならない。関東軍は治安維持の名目で、一気に全満洲を手に入れようとしているというのである。参謀本部から電報が届いたあと、関東軍は当然新たな命令が来るものと確信していた。これは奉勅命令と呼ばれるもので、天皇の名で権限を付与するものだ。五・一八声明が出されてから関東軍には緊張がみなぎり、いつ奉勅命令が下されるか固唾を飲んで待機していた。

　しかし命令は来なかった。六月二日になって、斎藤参謀長へ届いた電報は次の通り。

「関東軍ヲ遠ク錦州方面ニ出スコトハ、兎角ノ物議ヲ醸シ易キ折柄、幸ニシテ如上ノ情勢ヲ以テ比較的平静ニ推移セハ、強テ大部隊ヲ今直チニ動カシテ準備ヲナスニ及ハサルヘシト判断ス」

　関東軍の動きは政府にも伝えられていた。情報は田中総理にも達していた。陸軍省軍務局長阿部信行と外務省アジア局長の有田八郎は、連れ立って修善寺で静養中の田中を訪ねた。両名は北京平原での決戦は行われることなく、六月初めにも蔣介石軍は北京入城を果たすこと、張作霖とその軍隊は整然と奉天に引き返す見込みであることを報告した。聞いていた田中はきっぱりと言った。「まだええだろう」。田中は、もし関東軍が満洲全土に兵を出すことになれば、名目がどうであれ国際的に批難を受けることを恐れた。文官のトップとして、この時は断固として武を制したのである。

　武装解除の出動は、関東軍の一人相撲に終わった。血気にはやる将兵は地団駄踏んでくやしがったが、一人高級参謀河本大作大佐は重大な決意を胸に秘めていた。昭和三年六月四日早朝、北京から奉天に帰る張作霖の特別列車は爆破された。河本と、朝鮮軍から呼び寄せた工兵隊が実行者であった。河本は終戦直後、中国山西省の刑務所で病没したが、獄中で事件について回

張作霖爆殺の現場

想している。殺害の理由について河本は、張を殺せば満洲の排日運動が収まるからだと述べている。近年この殺害について、ソ連が手を下したのだという新説が表われて話題となった。その説くところは、満洲と直接国境を接しているソ連は、張政権に様々なアプローチを試みていたが、なかなか思うようにはいかず殺害したというのだ。満洲をめぐっては、日本のみならずソ連、アメリカが触手を伸ばしていたのは事実である。しかしソ連謀殺説の決定的な弱点は、殺害方法が明らかになっていないことである。特別列車にソ連人が乗っていたのか、爆破地点にソ連の意を受けた人物がいたのか、新説では説明されていない。張作霖死亡で、一時期満洲での排日運動が下火になったことは事実である。だがそれも束の間であり、やがて満洲は子息張学良のもとで反日抗日の嵐が吹きまくるようになる。

田中義一内閣で外務省を支配した森恪は、徹頭徹尾満洲利権にこだわった。満蒙問題はこの男のスローガンであり、昭和初期の日本人にとって郷愁に似た響きを持っていた。森は外務政務次官となってすぐ東方会議を取りしきった。会議の結論で、日本の権利保護を中国国内というように拡大した。ここに幣原外交との重大な違いがある。幣原外相は、反対論者からは何もしない外交と攻撃されたものだが、日本の権利というものについては明確な方針を持っていた。日本人の生命、日本の利権が明らかに侵略されそうな時は、断固とした態度をとった。郭松齢反乱の際の行動がよい例である。森はさらに権利保護を広げたのであった。それは一見強硬策に見えるが、用心に用心を重ねた弱気とも言える。この方針のもとに山東出兵を行ったが、特に第二次出兵への決断、同調は大失敗であった。これは日中双方が、つまり田中—蔣会談の時から慎重になるべきであった。ことに外務省の頂点に立つ森こそが、陸軍の反対という声を重く受け取るべきであったのだ。しかし森は、文民勢力の一員として暴走してしまった。六月八日、田中義一は東京上野駅に姿を見せた。宇都宮で開かれる、政友会支部大会に出席するためであった。上野駅貴賓室に入ろうとした刹那、ひとりの青年が短刀で田中に斬りかかった。青年は取り押えられたが、死せる張作霖が放った刺客かと肝をつぶしたに違いない。張作霖爆殺は田中内閣をゆさぶり、翌四年七月田中は退陣する。森恪も暫く檜舞台から退場した。

三、封じられた和平

破天荒な革命外交に対処する幣原外交

昭和三年六月七日、蔣介石率いる国民革命軍は北京入城を果たした（国民政府は北京を北平と改名）。満洲では作霖亡きあと長子の張学良が実権を握った。学良はこの年の暮れ、青天白日旗を満洲にはためかせ中華民国への帰属を明らかにした（易幟という）。日本は張学良が半独立的立場を堅持することを望み、いろいろ懐柔策を執っていたが結局成功しなかった。田中内閣は目前の現実には抗すべくもなく、昭和四年六月に蔣介石政府を正式に承認することとなる。それは辛亥革命以来、日本政府が事実上執ってきた政策、つまり満洲を半ば独立地区とみて支援していく方針を放棄することを意味した。田中内閣は、ここに重大な政策転換を行ったと言える。そして日中国交正常化の時から、統一中国による一大運動が始まった。革命外交である。

革命外交とは何か。対外関係における完全な平等の確立ということに尽きる。これは国際関係では当然なことだ。では何が革命的なのか。その手段、方針が破天荒であったからだ。新中国の考えは、阿片戦争以来の一切の不平等条約は破棄されなければならないというものであった。しかも極めて短期間にである。国民政府外交部長の王正廷は、革命外交の具体化を次のように説明した。第一期は関税自主権の回復、第二期は治外法権の撤廃、第三期は租界回収、第四期は租借地返還、そして第五期には、鉄道利権、国内河川航行権、沿岸貿易権を回収する。

挙げられた項目を見れば、清朝末期から如何にこの国が列強の蚕食を受けていたかが浮びあがってくる。まさに悲劇の中国大陸であった。しかし侵略側（日本もその一員ということになるが）は、強大な力を背景にしたとはいえ、正式に結んだ条約や取り決めを、すぐさま無しにするわけにはいかなかった。とすれば、理想と現実のぶつかり合いが始まるのは、火をみるよりも明らかであった。

革命外交を日本に適用するとどうなるか。日露戦争後の満洲権益は全て無くなる。日本は、遼東半島南部に関東州という土地を、九十九年という期限で借りている。また南満洲鉄道を経営している。これらはロシアから戦勝の結果獲得し、当時の清国とも条約を結んで日本の権益として確立しているものだ。王正廷外交は、こうした経緯を一切無視して返還を要求する。つまり日本は、日本人は出ていけとなる。無論要求は日本だけに向けられているわけではない。昭和四年七月、張学良は突然北満のハルビンにあるソ連領事館に踏み入った。東清鉄道は共産主義思想の巣になっているとして、領事館の家宅捜索を行ったのである。東清鉄道には中国人も多数働いており、共産思想を植えつけられているというのが理由であった。外国公館の家宅捜索というのは異例であるが、東清鉄道を回収する目的があったことは論を待たない。

日本に対しても常識外の方法まで採られた。端的な一例を示そう。鞍山製鉄所といえば、日中合弁で作ったものであるが、土地は満鉄が買収したものであった。ある時売主の中国側から、一時この土地を借用したいと申し出があり満鉄は許可した。ところが売主はその後、土地は一時的に満鉄に売ったものだと言い出した。土地の所有権は中国側に復帰したのだという。当然満鉄側の抗議は無視され外交当局も知らぬ顔を決めこむ。過去のことは一切無視するという、これが革命的利権回収法なのである。

中国の革命運動は、満洲在住の朝鮮人にまで及んだ。昭和六年七月、吉林省長春の西郊に位置する万宝山で事件は起こった。ここは朝鮮人が水田を開拓していたが、それこそ突然中国農民が押し寄せて、水田に引いていた水路を壊し始めた。そのため双方の衝突となり、多数の朝鮮人が殺害された。おそらく被害に遭った朝鮮人は、日本が満洲に進出する以前から住んでいた人達であろう。満洲の朝鮮族として暮らしていた彼らに対してさえ、革命外交は土地を奪う手段に出たのだ。万宝山事件はほどなくして、日本統治下の朝鮮平壌で中国人殺害という報復を呼んだ。

日本は田中政友会内閣から、浜口雄幸の民政党内閣に変わっていた。浜口内閣は、外交政策の力点を対中政策の刷新に置いた。そして外相の座を、再び幣原喜重郎に与えたのである。一般に幣原外交を評して軟弱外交と呼ぶ声が強い。何もしない外交とも言われた。これは表面的な見方であると思う。幣原外交は、日本の権利を忠実に守る意味で強硬な外交であった。相手の立場、日本の国益をしっかりと見極めたうえで、外交理論をそのまま押し通した。日本の権利が現実に脅かされた時は、外交上の絶妙なタイミングで警告を発した。郭松齢反乱の際がよい例である。反面国民受けはしなかった。外交論から外れる政策は打ち出さないからである。

幣原と森が議場で睨み合ったことがある。浜口内閣をゆさぶったロンドン海軍軍縮条約の国会審議の時である。昭和六年初め、統帥権干犯を叫ぶ野党政友会の攻撃に、衆議院本会議場に

議場で演説する森

立った幣原は冷静に答弁した。曰く、「この条約は御批准になっておられます」と。幣原がわざわざ御批准と答弁したのは、条約批准権は枢密院にあり天皇陛下が参席されるからである。途端、森が大声を張りあげた。「幣原、取り消せ取り消せ、陛下の御名に隠れて何を言うか」と。壇上の幣原は臆せず答弁を続けた。幣原も大阪河内の生まれであった。同じ大阪人ながら、森のことなど眼中になかったであろう。幣原は硬骨の人でもあった。

この時、現地の中華公使は、戦後日本が国際連合加盟を果たした時の外務大臣、重光葵であった。重光は本省に対し、「シナにおける左傾思想の浸潤により、利権回収熱は極度に沸騰しつつあって、とうてい人為でこれを阻止することは不可能」と現状を報告していた。幣原はできる部分から手をつけることを考え始めた。それは先ず租界の返還であった。日本が持っていた中国国内の租界（治外法権地区）は、天津、漢口、蘇州、杭州、廈門、福州、沙市、重慶の八都市内に置かれていた。幣原はこのうち、天津と漢口を除く六租界の返還を実現しようとした。この二ヵ所を除いた理由は、天津は明治三十三年の北清事変による派遣軍司令部があり、漢口にはその分遣隊があったからである。この幣原の積極的な意見に対し、内閣も外務省事務当局も実現を危ぶんだ。内閣の意向とは、即ち総理浜口の考えということになるが、浜口はどうも乗り気ではない。理由は、枢密院の了解を得る自信がないということであった。つまり浜口にはそれだけの政治力がなかったのであり、意気込んだ租界の返還は頓挫した。

当面打てる手が見つからないとなった時、幣原は、〃堅実に行き詰まる〃という政策を打出した。このあたりが如何にも一時代を築いたこの男らしいところである。しばらく事態を静観する他なし、という意味だがこれでは芸ならぬ策がないと言われても仕方がない。何かを打開してこそ外務大臣なのである。反面このような言葉を吐かざるを得なかったところに、両国関係のむずかしさが表われていた。しかし、堅実に行き詰まると言われても、困惑するのは満洲に住む日本人だ。国内に在った森恪もその一人であった。否、森は怒っていたのだろう。「行ってくるぞ」と言うが早いか、知人を引き連れて満洲へ旅立った。

関東軍が暴走した満洲事変を追認した若槻首相

昭和六年七月十六日、森恪は満鮮視察旅行に出発した。行程は先ず朝鮮を経て満洲に入る。森が暫し足を止めたのが間島と呼ばれる地であった。朝鮮北東の最奥部、満洲側に位置する吉林省の一地方である。琿春、廷吉、龍井といった町で知られるが、国境地帯であるために朝鮮人も中国人も混在して住む。何よりもここは朝鮮独立運動家の巣窟であった。間島パルチザンの歌、という詩があるように、これらの町を拠点にして抗日遊撃隊が日本軍を襲った。特に青山里の戦闘という日本軍を敗った金字塔があり、今日でも韓国、朝鮮の人は誇りにしている。

この戦闘を指揮したキムジャアジン将軍のことは、かって映画になり話題にもなった（標題は『将軍の息子』）。森は間島で一句を詠んだ。

〃剣を撫す間島夜や明けやすき〃

満洲では関東軍首脳と懇談を重ねた。森には、後に彼の評伝を書いた山浦貫一が同行したが、その自著のなかで自分は一切そうした席には居なかったと述べている。森自身も帰国後は口を閉ざしているが、思わせぶりの口調で次のように語っているのは気にかかる。

「要するに、どうしても現在のままでおくことはできない。国民は事実を認識して奮起しなければならない。然らばこれを如何に展開するか。我々は一つの手段方法をもっている。けれども角力は、この取組はこういう手で敵を倒すというようなことを発表致したならば角力はとれぬ」（昭和六年九月の名古屋講演）

「支那の排日指導方針の下に悪化せる満蒙支那の解決のためには、国力発動以外に途がないと断ぜざるを得ないのである」（昭和六年十月号の経済雑誌原稿）

〃一つの手段方法〃といい、〃国力発動〃といい、森は明らかに何が起きるのか知っていたとみえる。

堅実に行き詰まった外務省はともかく、陸軍中央はどう観察していたのだろうか。昭和六年六月に、「満蒙問題解決方法の大綱」なるものが決められている。永田鉄山軍事課長（陸軍省）、岡村寧次補任課長（陸軍省）、重藤千秋支那課長（参謀本部）といった陸軍中枢を占める人物の申し合わせ事項をみることができる。要点を列挙してみる。

一、内外の理解を求むるための施策は、約一ヶ年即ち来年春迄を期間とし、之が実施の周到を期する。

一、関東軍首脳部に中央の方針意図を熟知させ、来る一年間は隠忍自重の上、排日行動から生ずる紛争にまきこまれることを避け、万一に紛争が生じたときは局部的に処置することに留め、範囲を拡大せしめないことに努めさせる。

このように、満洲では、一年間は強硬手段を執ることはしない方針であった。しかし、まさかの時に備え、陸軍は二十八センチ榴弾砲を奉天の兵営内に秘かに運び入れていた。

九月十八日夜の奉天郊外柳条湖の鉄道爆破は、まことに軽微な事故であった。しかしその直後から迅速な関東軍の行動が始まった。外務省にとっては、正に寝耳に水であったろう。外務省の直接の担当者は守島伍郎亜細亜局第一課長である。その守島は十八日深夜に爆破の第一報を得た。ところが守島は事態を楽観したのか、翌朝九時頃になって登庁している。当然上司である谷正之亜細亜局長も十九日朝まで知らず、当然大臣への報告も遅れることとなった。外務省はどうすべきか判断がつかないようであった。外務省はこの時もうひとつの問題の方に対応を迫られていた。ジュネーブで開かれている国際連盟総会への対応だ。中国側が派手な宣伝攻勢を展開するのに対し、日本がどう反論するか、むしろこちらの方に首脳部は頭を使っていた。満洲問題はアジア問題であり、それはジュネーブとも密接にからむ。この重要性にも外務省は無頓着であったらしい。

現地では、十九日正午頃までに奉天の北大営、東大営その他の張学良軍施設を攻撃占拠した。

また奉天の南では、営口と鳳凰城の張軍を独立守備隊が武装解除している。十八日夜半以来の軍事行動は、日本が主権を行使し得る南満洲鉄道沿線に限られていた。これとても、日本側の一方的攻撃なのだから問題なしとしないが、まだ陸軍中央で合意した局部的な処置と言えよう。無論自作自演ではある。しかしここまでは奉天事件なのである。重要な転換点は二十日から二十一日になって表われた。それは吉林出兵であった。地図を見ればわかるが、吉林は満鉄の終点である長春のはるか東側に位置している。純然たる中国の土地なのだ。そこへ兵を出す道理はない。任務としても関東軍の権限を越えてしまう。つまり出兵には、陛下の直接命令である奉勅命令が要るわけである。

関東軍首脳はどうしたか。中枢にいた片倉衷大尉（関東軍参謀部総務課）の日誌が明らかにしてくれる。

「九月二十一日（晴）

二十日夜半に於ける幕僚会議の結果、午前三時遂に軍司令官の決裁する所となり、軍は独断吉林に出動せしむ、午前六時大臣、総長に報告し朝鮮軍に通報せり、

〈軍司令官の決裁後報告を遅延せしめたるは、再び中央部の干渉を虞れ所要の部署を行い仮令中央部の指示あるも部隊は行動後なる如く工面せるなり〉」（満洲事変機密政略日誌）

この時の軍司令官、本庄繁大将の決裁は相当難航したらしい。一旦は受け入れるところとならなかったが、高級参謀板垣征四郎の説得が効を奏した。この記述には奉勅命令などかけらもない。それに代わるのは、〝独断〟という言葉である。より正確には、〝越権〟と言うべきであ

ろう。状況がどうであれ、自分で事を起こし、中央部の方針に背いて軍事行動を拡大したのである。かくして十八日の奉天事件は満洲事変と化した。

このように関東軍は越権行動に出たが、時の政府―若槻内閣は結局はこれを許した。それでも当初は不拡大方針を決め、陸軍中央から現地に電報を打たせている。

南次郎陸軍大臣から関東軍司令官宛。

「事態ヲ拡大セサル様極力努力スルコトニ方針確定セリ。右御含ミノ上行動アリタシ」

金谷範三参謀総長から関東軍司令官宛。

「事件ノ処理ニ関シテハ、必要度ヲ越エサルコトニ閣議ノ決定モアリ、従テ今後軍ノ行動ハ此主旨ニ則リ善処セラルヘシ」

片倉大尉の言う、中央部の干渉とはこのことだ。吉林出兵と朝鮮軍越境を知った政府は、如何にも日本的な解決方法を採った。総理若槻礼次郎自身が、閣議で出兵経費の許諾を提案したのである。つまり既に出兵している以上、経費を出さないわけにはいかないと強調したのだ。「起こったことは仕方がない」と。閣内では異論が多かったというが、総理が押し切って財政面の保証を与えたのである。この判断は、若槻という文官の暴走でもあった。

満洲事変は、関東軍の計画通り拡大の一途をたどった。吉林はおろか、北満洲のハルビン、チチハルまで攻略した。やがて政府部内の誰もが予想もしなかった錦州爆撃という挙にも出た。張学良軍は一旦は錦州に退き、ここを根拠地にして頻りと反撃を繰り返していたからである。

この錦州爆撃の際、大阪毎日新聞社会部の茅野栄という記者が真っ先に飛び出した。第一報を送るべく一番乗りを果たそうとしたが、あえなく敵弾に倒れ従軍記者の戦死第一号となった。それだけ事変は、報道する人間を燃え立たせるものになっていたのであろう。この時、内閣が変わり森が再び登場する。

犬養内閣書記官長に森が就任

老雄犬養毅が政界の表舞台に復帰したのは、田中義一が急死したあと、昭和四年十月のことであった。大正末年に加藤高明の護憲内閣の一角として政権入りを果たした犬養は、加藤の単独内閣となると自分の革新倶楽部を解散して第一線から引退していた。革新倶楽部は政友会に合流したのである。田中を継ぐ政友会総裁候補としては、床次竹二郎と鈴木喜三郎の二人が有力であった。久原房之助という野心満々の怪物もいた。この時幹事長のポストにあったのは、外務政務次官から政友会にもどった森恪である。森の意中は犬養であった。革新倶楽部という小政党から移籍したため、犬養の政友会幹部での立場は弱い。憲政を守る野党政治家としての声望が唯一である。森は後継争いの混乱を避けるため、名望随一のこの老政治家を推し犬養も了承した。すでに齢七十を超えた身としては、一時的な椅子と思ったはずだ。ましてや総理大臣は、夢にも思わなかったに違いない。

犬養が政友会内閣を組織できたのは、おかしな言い方だが満洲事変のお陰であった。事変処理に行き詰まり、民政党の若槻内閣は昭和六年十二月になって退陣した。元老西園寺公望は直ちに犬養を新総理として奏上した。内閣発足は十二月十五日である。木堂と号したこの老政治家は、辛亥革命以前から、隣国の情勢には人一倍関心を寄せていた。明治二十九年、政治の師匠である大隈重信にもちかけ対支政策の確立を提言した。具体的には機密費を使って、清朝転覆を目指している革命派の内情を探るものであった。

役目は宮崎滔天ら三人があたり、ロンドンに居た孫文の日本亡命に結びつく。革命の父孫文に眼をつけていたのが、宇都宮太郎という軍人だった。戦後のリベラル派代議士宇都宮徳馬の父君だ。参謀本部勤務の宇都宮は、すでに革命派の動向をつかみ宮崎らに孫文の名を教えたのである。日本にやって来た孫文は犬養の家に出入りし、風呂に入り日本食を楽しんだ。その孫文の作った国民党政府が、今関東軍の手になる満洲事変と相対している。犬養は事変を何とかして解決しようとする。

組閣で森恪は真っ先に書記官長に任命された。閣僚人選を心に描いて四谷の犬養邸に馳せ参じた。ところが、組閣名簿はすでに出来あがっていた。森は不満の色で詰め寄った。

「何と手回しよいことですな、総理。森の出番はないわけや」

犬養はなだめた。

「人事など、大書記官長のやることではない。それよりも内政、外交政策じゃ」

森は閣僚名簿にひとつだけ空白があるのを見つけた。

「総理、外務大臣が居りませんぞ。一体どなたにするお積りや」

「フランスにいる芳澤を考えている。帰ってくるまでは総理がやる」

芳澤とは、娘婿の芳澤謙吉のことでありフランス大使であった。犬養は、実力も野心も満々たる森を見抜いていた。それを警戒して、常に自分の眼の届く書記官長としたのである。

一方、満洲の状態はどうなっていたか。関東軍は事変直後に次の方針を決めていた。

「関参四一一号
満蒙問題解決策案
第一、方針
我国ノ支持ヲ受ケ東北四省及蒙古ヲ領域トセル宣統帝ヲ頭首トスル支那政権ヲ樹立シ在満蒙各種民族ノ楽土タラシム」

これは、南京を首都とする中華民国とは別の国家を造ることだ。そのために、天津に隠れ住んでいた清朝最後の宣統帝を密かに連れ出し、旅順に保護して時の至るのを待っていた。川島芳子が暗躍したのはこの時である。これに対し陸軍中央はどうだったか。「昭和六年秋末ニ於ケル情勢判断同対策」によれば、独立国家の建設は、「帝国ノ正義ヲ傷ケ国際的立場ヲ不必要ニ不利ナラシムル」としている。独立国家反対論である。現地と中央では、このようにはっきりした違いがあった。犬養はこれに断を下そうと決意した。

内閣発足直後、外務大臣として犬養は声明を発表した。

「計らずも今次事件は帝国に対し、満蒙における新なる責任を加え、然してその活動の範囲は更に広はんなるを致せり。即ち支那側の不当なる攻撃に対し必要の自衛手段をとりたる結果、帝国は広大なる地域にわたりて公共の安寧を維持し、住民の権益を保護するの義務を負ふのやむを得ざるに至れり」

一読して、関東軍の行動を認めただけの内容である。今後の満洲については何も語っていない。核心部分は、地方へ行く車中談で明らかとなった。

「日本の要求するところは、鉱山、鉄道、工業などの条約尊重を履行させることで、主権の侵害などではない。日本は満洲を第二の朝鮮として取ってしまうんではないかというものがあるが飛んでもない。見当違いで、あんな所を取ってはたまったものではない」

総理の意図は明確となった。独立国家反対である。

伝え聞いた森は、犬養が帰京するや総理の執務室に駆けこんだ。

「総理、外務大臣の芳澤大使については、今だに評判が良くありませんぞ。閨閥人事やいうて」

「誰が言っとるのじゃ」

「特に陸軍ですわ。軍務局長の小磯が、遅くはないから身内の者は外すべきだと」

「森、お前がやりたいのじゃろう」

図星を刺されて大書記官長は二の句が告げなかった。我を取りもどすと総理を見すえてこう言った。

「満洲の行末は日本が責任を持っております。事変の処理については、ぜひ私にもお知らせくださいますよう。御自分で進めようとされても上手くいきません」

犬養はすでに走り出していた。

森書記官長、信念の暴走

内閣が成立した十五日夜、祝賀会でごった返す総理官邸を一人の人物が訪れた。犬養はその顔を見つけると別室に呼び、密使として中国に行ってもらいたいと頼んだ。この人物とは、中国問題では長年の知己である萱野長知であった。昭和二年の蔣介石来日の際、歓迎の宴席を設けたその人だ。犬養はこと細かに目的を説明した。関東軍の独走を阻止する代わりに、満洲の日本利権をしっかりと確保すること、満洲には南京政府主導の地方政権を作ること、これらを早急に実現するため上海に渡って欲しいということであった。萱野は、国民党による中国統一と日中友好に走り回って来た民間志士であった。無論総理の意向も理解していた。幸いなことに外務大臣は眼の前の犬養である。外務省という邪魔な役所を介さずにすむ。実は犬養が外相を兼ねた裏には、自分の手で満洲事変の幕を引くという熱意があったのだ。今日で言う、官邸主導外交である。両者は通信方法をうち合せた。萱野から総理秘書官の犬養健（吉田内閣法務大臣）へ打たれ、総理に届く仕組みであった。書記官長の森は素通りである。

十二月二十一日、萱野は上海に到着し埠頭で多数要人の出迎えを受けた。翌日公使館に重光葵公使を訪ね、今回の訪問の目的と総理の意中を伝えた。何とも不可解な行動である。外務省には内密なのに何故なのか。萱野ほどの人物が中国に現われれば、どれだけ隠密を装うとも自然に知れ渡る。それなのにわざわざ公使館に出向いたとはどういうことか。それは、上海行きの船中で松井石根中将と会ったことによる。陸軍の親中派である松井は萱野もよく知る仲であり、気心も知れたことから今回の目的を話した。松井は重光に伝えた方がよいと助言したのである。密使萱野の船に松井が乗り合わせたのは、果たして偶然だったのだろうか。松井は誰かの指示で船に乗りこみ、萱野に近づいて重光と会うようすすめたのではないか。それを知ってか知らずか、萱野日誌二十三日には順調な滑り出しの様子が書かれている。

「上海着直ちに同志と懇談中。遥々広東よりの代表も会同し、左の方針を決す。

一、満洲の政権確立のため、居正を主任とする委員会を組織し、一切の懸案は現地交渉とし、

　居正に権限を与ふること。

二、張学良を適当に処置すべきこと。

三、居正任命と同時に、日華双方軍事行動即時中止のこと。

以上三項、南京全体会議通過の見込充分」

居正とは、湖北省出身の法政大学に留学した知日派政治家であった。しかし蔣介石の側近ではなく、西山派と呼ばれる国民党内の有力派閥の一員であった。

萱野の折衝は迅速であった。それだけ中国側も積極的であったと言える。南京政府としては、過去に孫文らが満洲を日本に与えると発言したことは非公式なものとの立場であった。北伐の最後で、満洲に兵を入れることはなかったが、満洲を日本に奪われることを最も恐れた。しかし現実は関東軍が中心になって、満洲独立の工作が進められている。この方向を中国側と協議して転換させるのが萱野の役目であった。流れを変えるには、日本側が受け入れることのでき

る政体を満洲に作る必要があった。それは南京政府主導でなければならなかった。中国側の考えは二十五日になって明らかとなる。

「中国政府は満洲問題解決のため東北政務委員会を組織し、居正を主席とし、許崇智、陳中孚、朱霽青、伝汝霖を委員に任命せんとす。委員の任務は、東北各省の政府組織改革、行政整理、秩序維持、張学良査弁（学良部下の一部とは既に連絡あり）、日華懸案解決に在り」

満洲問題とは何度も出て来る言葉だが、この時は日本軍の武力行動で不安定となった満洲を、どうまとめるかという問題であった。東北政務委員会を組織したということは、南京政府が東北政権作りに乗り出したことを意味する。このあとの三十日の萱野日誌には気になる記述がある。

「居正、陳中孚両者、犬養先生へ感謝の贈り物を明日の便船に托するのだとて、頻りに荷造りをしていた」

一体その荷の中味は何だったのか。想像の外はないが、後日の犬養の最後と絡らんでいると筆者はみる。

果たして犬養には、どういう成算があったのだろうか。関東軍、陸軍中央を抑える自信があったのか、ここで登場するのが重藤千秋大佐である。山東出兵の折りにも顔を出した人物だが、満洲事変以来参謀本部支那課長という要職に在った。

「参謀本部支那課長重藤氏はかねて居正を援け満洲にて軍部との調停をなすはずなり」

重藤大佐の真意は不明だが、これを読む限り満洲独立には反対意見だったとみられる。〝居正を援け〃とあるように、南京政府の意向に沿う形で、関東軍を説得する肚であったのだろう。中国情報の要にある軍人が独立反対であれば、犬養にとっては極めて強力な存在であったに違いない。しかし陸軍中央は昭和六年の暮れになると、南京側の勢力を引き入れない新政権という方針に固まりつつあった。これには海軍も外務省も同意した。南京政府の作る新政権が犬養と萱野の考えであるから、重要な点で対立する。陸海軍と外務省の考えの背景には、南京政府を嫌う東北各省要人の心理があった。北方中国人と南方中国人の差とも言えようか。これでは重藤ひとりが頑張っても、大勢を変えるのは難しいのである。

日本から萱野宛に返電が届いたのは、上海到着後十日経った元日、一月一日のことであった。「総理伊勢参宮のため返事遅れた。張学良は数日中に錦州より軍を退く模様。その以後即ち一月十日頃に、居正君対満御出発を乞ふ。日本よりも満洲へは然るべき重要の人物を派遣すべし」

日本側代表は、三井物産出身で満鉄総裁も務めた山本条太郎であった。政治も経済もわかる、まさにうってつけの人物である。南京政府の方はこの時、蔣介石こそ一時役職を離れていたが、行政院長は孫文の子息である孫科だった。犬養、孫科、居正、萱野、そして交渉役は山本というように人の和が生まれ、満洲問題は解決される気運が芽生えた。一日の電報の差出人は犬養健、宛先は上海吉住医院である。吉住医院は、辛亥革命を支援した日本人志士のアジトである。電文は無論うち合わせ通りの暗号であり、全てが順調であると萱野は確信していた。ところがこの直後から事態は急変する。

「四日、東京より来電。貴電に驚く。総理の手に貴電入り居らず郵便局を調べる。金子氏にても帰朝を乞ふ。打ち合せたし。暗号も変へたし。」

〝貴電に驚く〟を見て、萱野はまさに仰天した。元日の電報とあべこべの内容とあっては、萱野ならずとも混乱してしまう。一日の電報は犬養健が発信者であった。四日電報には発信者の名がない。一日電は総理も了承して打ったことは確実である。伊達や酔狂で書けるわけがないからだ。ところが四日は正反対のことを言って来ている。思案のうちに萱野はひとつの結論に達した。元日を境にして、秘密にしていた交渉が公になったのではないか、ある人物が知って妨害に出たのではないかと、不安なうちにも返電した。

「便船あり、改正暗号及び昨夜認めた犬養健君あての書状を託し、また数電を犬養首相に送る」

森の評伝『森恪』（山浦貫一著）には、萱野工作のことは一切出ていない。真実は記されていないだけで、森はある時点から暗号電報のことを察知した。内閣書記官長であるから官邸内は隅々まで眼が届く。萱野と犬養の間は巧妙な通信手段が採られたはずだが、情報看取には凄腕を持つ森である。暗号解読をどうしたかは不明だが、日中間の極秘のやり取りを解読した。多分この時は年末であり、すでに山本条太郎のことも決まり満洲での準備も進められていた。つまり一日の電報はそのまま打たれたのである。年改まり犬養が伊勢神宮から帰京すると、待っていましたとばかりに森は詰め寄った。

「総理、御自分で事を進めるのは間違いですぞ。すでに陸海軍、外務省ともに、東北には我が国の意見を入れた独立政権を作ることで合意しております。何よりも満洲人は南京政府を拒絶してますのや。速やかにこの方針に従っていただきたい」

犬養は無言で睨み返しただけであった。この結果、四日のわけのわからぬ電報となる。五日、犬養は自ら萱野に電報を打った。

「デンミタ、キカクノキキョウマツ、シュッパツノトキデンポウセヨ、イヌカヒ」

工作は失敗したのである。

握り潰した張本人は書記官長の森恪であった。冷静に考えて、犬養の官邸秘密外交が成功したかどうかは疑問がある。古くからの友人知己ルートを使った、孤立無援に等しい活動であった。森は満蒙利権論者であるから、満洲に南京政権の手が入るのを拒否する。日本の利益は侵害されると確信するからである。三井物産上海支店勤務以来、森は、犬養とは違った眼で中国を見てきた。それは真の革命支援という考えではなく、如何に利益を上げるかという商売人の感覚である。満洲を買うという発想だ。森は長年の商売経験から、中国人、特に南方人をあまり信用していなかったのかもしれない。しかし後々の情勢から顧みると、この交渉の成否は重要な分岐点になったと筆者は考えている。満洲国という存在が、日中間のトゲ（中国はついに満洲国を認めなかった）であったことを思えば、相手の主権を入れた地方政権が穏当であった。可能性の薄い交渉であったとしても、テーブルにつくことが相手の信頼を勝ち得る方法だったはずだ。だが森は暴走して和平の芽を摘んだ。萱野は帰国後官邸で森を見かけ、殴り倒してこう言い放った。

「貴様の大義とは軍部に媚びへつらうことか、お前の行為は私文書横領の汚らしい犯罪だ」

犬養総理はあきらめなかった。何とかして陸軍の意見を変えさせようと、上原勇作元帥に手紙を書いている。両人はしばしば意を通じあってきた仲であった。かっての山県有朋の立場にあった上原に、書簡で満洲事変が「その未だ拡大蔓延せざる今日において、軍の元老において救済の方法を講ぜられんことを冀ふ一事に外ならず」と訴えたのであった。

しかし事態は森の意図する方向へと向かっていく。三月一日、満洲国成立。事変発生以来わずか六ヶ月で、石原莞爾の構想は実現した。そして昭和七年五月十五日、犬養総理大臣は海軍士官によって殺害された。理由については種々様々なことが言われるが、萱野日誌に出てくる贈物を指摘する声は全くない。この中味はおそらく政治資金であろうが、何者かが犬養は外交交渉の裏で私腹を肥やしたと触れ回ったと思われる。純粋な青年軍人がこれに激高しないはずはない。事件で騒然とする官邸に森はいた。多くの新聞記者のなかに、木舎幾三郎という時事新報の政治記者が駆け回っていた（木舎は後の雑誌、政界往来社社長）。森はよく知る木舎に近づきその手を握りニコッと笑った。「会心の笑ではなかったろうか」と木舎は書いている（『政界五十年の舞台裏』）。森は一言も発してはいない。察するところ、これで最大の障害が除かれたということだろうか。

繰り返すが、犬養の密使工作は、満洲をめぐる日中和平の絶好の機会であった。軍部の猛反発があったにせよ、将来を見透えたうえで森が賛成しておれば、事態は違う道へと進んだ可能性があった。軍事行動を止め、日本の手になる独立国構想を放棄することで中国の信頼を得たであろう。山東出兵、満洲事変と続いた日中間のもつれを解きほぐす契機となったであろう。しかし森は反対に動いた。これまた信念と言うべきか。昭和七年十月、森恪は犬養の後を追うように急死した。享年五十。

第二章
広田弘毅 ——中国侵略の協力者

奇怪なる広田駐ソ大使暗殺騒ぎ

悲劇の政治家、外交官として広田弘毅の名は高い。〝悲劇〟というのは、文官として唯一人、大東亜戦争の責任を問われて刑死となったからである。突飛なようだが、広田の運命は駐ソ大使をしていた時に伏線が敷かれたのかもしれない。あまり知られていないが、実は広田は暗殺の対象になったのだ。国営タス通信が堂々と報道した。外務省外交史料館には、「駐蘇広田大使暗殺未遂事件」のファイルが保存されている。現役として活動する外交官、しかも一国を代表する大使が暗殺されかかる！　先年、日本の中国大使が公用車で外出中、中国人暴漢に日の丸を奪われる事件が発生したが、とても比較できない。一体どういうことだったのか、件の資料を開いてみることにする。

昭和六年十二月二十三日、ソ連外務省に次官カラハンを訪ねた広田は、相手の口から驚くべきことを告げられた。本国宛電文にはこうある。

広田弘毅

「交通部官吏ゴディツキー、ナルモノ一九二八年以来某国外交官ト交際シ其ノ求メニ依リ鉄道ニ関スル材料等ヲ密告シ居タルカ、最近十二月十四日ノ会合ニ於テ同書記官ハ満洲問題ニ言及シ、此ノ際日本大使ヲ暗殺セハ蘇連邦ト日本ノ間ニ戦争スヘシトテ之ヲ慫慂スルノ態度アリシカ、其後十五日、十八日、十九日等ノ会合ニ於テ又復之ヲ繰り返シ暗殺ヲ計画シテハ如何ト勧メタリ」

文中に某国とあるのはチェコスロバキアであり、書記官とはチェコ大使館員を指している。事態の容易ならぬことを感じとったゴディツキーは、あたふたとゲーペーウーに駆け込んだのであった。電文内容を要約すればこうなる。チェコスロバキアの大使館員が、交際していたゴディツキーというソ連人官吏に対し、日本大使を殺して日ソ戦争を起こせと唆した。実に奇怪千万な話という他ない。

二日後、チェコスロバキアの代理大使は、日本大使館を訪れて次のように説明した。ゴディツキーと行き来していた者はウァーネック書記官であり、大使暗殺云々は一から十までゲーペーウー（国家保安委員会）の台本に過ぎない、またこれだけの大事を託するからには、ウァーネックに対し何らかの利益供与があるはずであるが、そんな事実は一切なく両人は鉄道趣味で付き合っていただけであった。代理大使は、さらに興味深い話をつけ加えた。ウァーネック書記官は第一次大戦に従軍しており、日本軍には恩義を感じているのだという。そんな人物が、大それたことを思いつくわけがないではないかとまくし立てたのであった。先方の言った意味は、第一次大戦の末期、孤立したチェコ兵を救うため日本やアメリカがシベリアに出兵したことである。何故ウァーネックの名が出たかについては、同人はソ連女性を妻としソ連の内情に明るいので、好ましからざる人物とされたと語った。そして、国営タス通信が報道したことでウァーネックの名前が公となったので、直ちに同人を帰国させたと伝えた。

当然のように、ソ連とチェコスロバキアの言い分は正反対であった。チェコの外務大臣ベネシュは、全てはゲーペーウーの仕組んだこととして、プラハ駐在のソ連大使を呼んで調査を要求していた。事態は依然として五里霧中であったが、広田は天羽英二参事官を相手に冷静に分析を進めていた。この二人は、帰国後の外務本省でも上司と部下になる。広田は考えた—もしウァーネックが好ましくない人物だったとしたら、適当な理由をつけて国外退去を通告すればよい、第三国である日本大使の暗殺という、途方もない話を持ち出す必要は全くないのだ、これには何か裏があるか、或は将来の日ソ間の布石ではあるまいかと。

こうしたところへ、天羽がパリ発の電報を持ってきた。フランス大使を終えた芳澤謙吉が、日本への帰途モスクワに立ち寄るという。犬養内閣の外相となった芳澤は、シベリア鉄道で帰国すべく、近日中にモスクワ入りするという連絡であった。伝え聞いたソ連外相のリトヴィノフは、わずかの時間でよいから芳澤に会いたいと広田に要請した。こうして非公式ながら、日ソ外相会談が実現する。

ほんの挨拶程度と、広田も芳澤も思い軽い気持ちでリトヴィノフと面した。ところが、相手は重大な提案をして二人を驚かせたのである。リトヴィノフの口から出たのは、日ソ不可侵条約を締結したいということであった。何の事前協議もなく唐突な提案には新外相も答える術がない。二人は、不可侵条約への意欲を伝えたかったのだろうと受けとった。

満洲事変はソ連にも影響を与えていた。ソ連は満洲と長大な国境線を有する。まだ満洲国はできていなかったが、事変がどう進んでゆくかは重大な関心を払わざるを得なかった。今ソ連は、社会主義国家としての骨格固めとなる第一次五ヵ年計画に全力を注いでいた。日本とは、小競り合いといえども避けたいのである。そのためには不可侵条約は有力な手段となる。日本側はそう分析したが、広田はここでハタと思い至ったのではと筆者は想像する。以下は推測である。

広田の傍らには、情報に通じた天羽英二参事官がいた。天羽は、不可侵条約を印象付けるために暗殺騒ぎが作られたと主張した。成程と広田は頷く。いきなり不可侵と言われても、どこの国であろうが面食らうことになる。気運を高めるために、効果的な材料が必要である。そこでチェコスロバキアの外交官から暗殺話を出させる。この場合、シベリア出兵で日本が救援したはずの、チェコスロバキアの口から出たというところが要点である。つまりリトヴィノフの提案の裏には、第一次大戦で助けてもらい日本に恩義を感じているチェコ外交官から出たのですよ、日ソを戦わせようという策動に乗らないために、ぜひ不可侵条約を結びましょうということになる。大体こんなところかと広田は天羽に問うと、ご明察と返ってきた。

リトヴィノフの提案は、十年後の昭和十六年四月、日ソ中立条約となってひとつの結実をみる。しかし、その結果が悲惨なものになったことはよく知られている通りだ。広田は自身の暗殺未遂を、外務大臣としての犬養に逐一報告している。東京では一時、チェコスロバキア公使館を警視庁が監視したが、犬養が関心を示した様子はない。前章で述べたように、老宰相の頭は満洲事変を終らせることで一杯であった。広田が悲劇の人だったという通説には、筆者も同感である。しかし政治家として同情される人であったかどうかは、どういう行動、言動を執ったかを追っていかねばならない。それは昭和八年の九月、斎藤内閣の外務大臣となった時から始まる。

一、斎藤・岡田内閣の外務大臣

満洲事変の終結

広田がソ連大使の任を解かれたのは、昭和七年九月であった。この年三月一日には満洲国が誕生していたが、張学良は最初は錦州、次いで北京まで兵を引き、しばしば熱河省に入っては関東軍を攪乱していた。満洲国は、黒龍江省、吉林省、遼寧省、熱河省の四つの省が領土である。昭和十年代に入ると省は細分化されるが、基本的にはこの四省であった。熱河省とは、今日では河北省と内蒙自治区となっている区域だ。住民の多くは蒙古族である。熱河省主席の湯玉麟は、表面上は関東軍に従っていたが、本心は定かではなく張学良軍が熱河省に侵入するのを黙認していた。昭和七年七月、熱河省朝陽寺で日本人が拉致される事件が起きた。十月になると、満洲と河北省の境である山海関で、関東軍と張学良軍との衝突が繰り返されるようになった。熱河省は良質の阿片産地でもあった。関東軍は、それこそ満洲治安維持のために討伐せざるを得ない。満洲国が出来あがったといっても、張学良の抵抗が止まない内は軍事行動が続いた。ちょうど広田登場の時まで、熱河問題の処理が続くことになる。

度重なる張学良の侵入に対し、陸軍中央は慎重な姿勢を示していた。参謀本部の真崎甚三郎次長は、関東軍に次のように指示している。

「武力的解決ハ今直チニ行フコトナク之ヲ他日ニ期スルヲ可トスル意見ナリ」

これは相手が攻撃してくれば応ずるのはやむを得ないが、決して深入りはするなという意味であろう。事実、昭和七年中は満中国境地帯での衝突に終始していた。昭和八年が明けると、満洲国の存在が世界的ニュースとして登場するようになった。リットン調査団による満洲国承認問題である。リットン調査団は満洲国を認めず、この採択を巡ってジュネーブの国際連盟に世界の眼が注がれた。昭和八年二月二十四日、調査団の報告は圧倒的多数で採択され、日本は国際連盟を脱退した。

この時を待っていたかのように、関東軍内には強硬論が頭をもたげてきた。張学良は、日本が抑制的な動きをとっていたことから、熱河省の承徳に兵力を置いていた。この際ここを攻略して熱河問題を解決しようというわけである。承徳は省都であり、歓喜仏で知られる清朝の古都だ。関東軍は軍司令官の武藤信義大将が声明を出し、熱河平定に乗り出すことを明らかにした。これを聞いた南京公使館の須磨弥吉郎書記官は、今になって熱河で兵を起こすことは、満洲国の範囲が固まっていないことを世界に表明するようなものだと批判した。須磨の指摘は新たな侵略行為を危惧するものであったが、国際連盟を脱退したという自信の故か、関東軍は内政問題として三月初め承徳の張軍を追い払った。しかし張学良は依然として熱河侵入を止めなかった。当然関東軍の反撃が繰り返される。熱い余って万里の長城を越えてしまった。

武藤司令官の声明は、軍事行動は熱河省内に限るとしたものであった。しかし実際の兵の動きは、相手を追撃中に中華民国の領土に入ったのである。灤東作戦と呼ばれる軍事行動は、四月初めから十日間続いた。これを知った参謀本部は強力なブレーキをかけた。関東軍の小磯国昭参謀長を急拠東京に呼び、兵を即刻熱河にもどすよう命令した。小磯の自伝『葛山鴻爪』によると、真崎参謀次長から直々に申し渡されたという。参謀本部が強い態度に出た裏には、天皇陛下の心痛があったからであった。昭和天皇は長城線を越えた軍事行動を心配し、「関東軍は未だ灤河の線より撤退せざるや」と真崎に迫ったのである。灤河は河北省東部を流れており、追撃中の関東軍を憂えたものであった。このため急速に作戦は尻すぼみとなり、四月十九日になって停止され熱河省にもどった。真崎参謀次長は、以後の指針を「北支方面応急処理方針」として関東軍に伝えた。

「関東軍ノ武力ニ依ル弾圧ノ継続ヲ基調トシ、断固長城線ニ沿フ地区ニ於テ尚支那軍ニ対シ徹底的打撃ヲ反覆ス」

長城線を越えず、〃長城線ニ沿フ〃て攻撃するというのが妙案であった。

現地では武力による討伐と並んで、謀略工作で張学良を追放する企てが進んでいた。天津特務機関長の板垣征四郎による工作だ。南北の統一が成ってから、北京（国民党は北平と改称）には南京から要人が送りこまれていた。こうした要人が張学良に指令を与えていると、関東軍は睨んだのである。謀略工作とは、国民党系でない人間を押し立てて地方政権を作るものであった。しかもクーデタという手法を用いて、同じ中国人が張学良一派には反対しているという姿勢をみせつけるのである。決行日は一旦四月二十一日と決まったが、灤東作戦が中止されたため延期となった。そして五月に入り、虎視眈々と好機を待ったが逆に国民党の謀略にかかってしまう。

「北京にてクーデタを挙行するべく企地に潜入中の張敬堯本七日、東交民巷六国飯店にて暗殺せらる　之が為平津謀略は遂に発動するに至らず」（関東軍参謀部第二課、機密作戦日誌抜萃）

張敬堯という者を中心としてクーデタを試みたが、謀略に勝る相手の知るところとなり失敗したのであった。

ちょうどこの時、長城線で武力衝突が継続していた。最初は長城線に沿って日本側の反撃が繰り返されていた。関東軍は参謀本部の指示を受け、さらに具体的な方針を決めていた。その骨子は、平津地方を侵さない範囲で徹底的な追撃戦を行うという。平津とは北京と天津を指している。この二大都市に威圧を与えない程度に攻撃するというわけである。参謀本部の言う、〃長城線ニ沿フ地区〃と、関東軍の〃平津地方を侵さない範囲〃はともに曖昧だ。兵の動きは簡単にはストップできない。だからある程度の幅を持たせたのだが、前者は防衛を主として考えており、後者は攻撃を中心に行動するものであった。そして今回も、関東軍は退却する張軍を追って長城線を越えたのである。戦闘は追撃の如何によって成果が決まるといわれる。参謀の頭のなかにはその教育が徹底している。今こそ好機と張軍を追いかけた。そして気がつくと、北京を指呼の間に望む二十キロの地点にまで迫っていたのであった。これは深追いしすぎたと関東軍が思った時、脅威を感じた相手から停戦を申しこまれたのである。五月の軍事行動を関内作戦と呼んでいる。

五月三十一日、塘沽《タンクー》停戦協定が結ばれた。協定の結果、河北省東部に広大な非武装地帯が設けられ、満洲国の安全は確保された形となった。この日をもって満洲事変は終わったとなっている。協定の席上、晴れやかな顔の軍人がいた。関東軍作戦参謀の遠藤三郎少佐であった。関内作戦は遠藤参謀の手になるものである。この軍人の名は、むしろ戦後に高まったことで知られよう。軍備全廃論を訴え、日中友好運動に力を注いで国交回復に寄与した。あまりの思想転換に批判の声は強かったが、徹底した姿勢はやはりエリート軍人ならではのものと言えよう。この非武装地帯は後々まで問題の温床となる。それに立ち向かったのが広田であった。

広田の代名詞、万邦協和外交

昭和八年の九月、広田が斎藤実内閣の外務大臣に就いた時、対中国関係はどのようなものであったか。それは、満洲国の存在を前面に押し立てて隣国と相対することであった。当の満洲国は王道楽土を目指すといっても、実態は有象無象の人士が混ざっていた。関内作戦の立案者であった遠藤三郎は、この内の日本人について率直に批判している。

「日本人官吏、顧問の権、過大なり、官吏が功名をあせるため満洲国人及び外国人の神経を刺激す。不良日本人多し」（遠藤三郎日記・昭和七年八月）

不良日本人とは気にかかる言葉だが、一旗組の商人、大陸浪人、退役軍人らを指している。特権に与ろうと様々な策謀を行ったのだろう。あるいは義勇軍といったものもあった。北伐時代、南軍の前に立ちはだかった張宗昌には日本義勇軍がついていた。こうした中央の統制に服さない（或は中央が操っていたのかもしれないが）存在は、後々まで満洲国の暗部であった。外務次官は重光葵であり、中国担当には守島伍郎アジア一課長、石射猪太郎上海総領事といった猛者がいた。

広田は目指すべき外交について、雑誌のインタビューに答えて次のように述べている。満洲事変は日本に一大転換をもたらしたが、現今は人心の弛緩を来たしていること、帝国外交の第一の要締は満洲国の健全な育成であること、満洲国の健全な発展こそが極東平和の基礎であり欧米の理解に結びつく、というものであった。欧米は国際連盟で満洲国を否認した。日本としては、その満洲国が発展してゆけば評価は変わってくると期待したのである。では満洲国と不可分の関係にある中国についてはどうか。就任の年の暮れ、陸軍、海軍、外務三省間では「対支政策に関する件」がまとめられた。主要点は二つである。

イ、支那をして帝国を中心とする日満支三国の提携共助に依り東亜に於ける平和を確保せんとする帝国の方針に追随せしむ。

ロ、支那に対する我商権の伸張を期するを以て根本義とす

〝帝国の方針に追随せしむ〟とあるように、日本優位の立場を明確にしている。どこの国でも外交は自国優位が本音であるから、この対支政策は一見当然のことを述べているようにみえる。また、「国民政府の指導原理は帝国の対支政策と根本に於て相容れざるものあるを以て」とも述べている。指導原理とは遠交近攻政策である。遠交とは欧米に依存することを意味しており、近攻とは隣人の日本に敵対する。この政策は東亜の平和を破壊するものであり、それだからこそ平和を希求する日本に従わせる必要があるわけである。さらにこの文書は、河北省を中心とする北方中国、北支と当時は呼ばれていたが、北支に特別な関心を寄せていた。次のような方策を掲げているのだ。

「差当り北支地方に於ては南京政権の政令が北支に付ては同地方の現実の事態に応して去勢せらるる情熱を次第に濃厚ならしむべきことを目標とし漸を追って之が実現を期すること」

ここに至ってこの文書は、一種の内政干渉政策を表明していることがわかるのである。

「対支政策に関する件」は、三省庁の課長レベルで合意されたものだが、当然広田も眼を通したであろう。大臣として内政干渉策を是認したと言えようが、この文書は軍部との折衷であった。〝去勢せらるる情勢を次第に濃厚ならしむべき〟というのが特に陸軍の意見であるし、〝差当り〟、〝漸を追って〟を入れたのは外務省であった。この「対支政策に関する件」はお

そらく内部の申し合わせであろう。それを広田はどう公に発表したか。昭和九年一月二十三日、衆議院本会議で広田は述べた。

「支那ノ状況カ極メテ異常ノモノニシテ、東亜ニ於ケル日本ノ権威ト実力トカ同方面平和維持ノ唯一ノ基礎タルヘク、従テ支那ニ関スル国際問題ニ付テハ、当然日本ヲ主トスヘキモノナルコトハ従来我方ニ於テ累次表明シ来リ」

さすがに、日本の方針に従わせるとか、北支では南京政権の政令が去勢、とかは言わなかったが、〝異常ノモノ〟と表現した。これもかなりあからさまであるが、日本からみればそう言いたくなるであろう。南京の中央政権は完成した。しかし頂点にいる蔣介石が完全に掌握している地域は、江蘇、浙江、安徽三省に過ぎなかった。つまり生まれ故郷である浙江省周辺のみとなる。江西省には袂を分かった共産党がソヴィエト区なる解放地域を維持しており、日本が関心を懐く北支には、南京政権に反発する地方政客が存在した。こうしたむずかしい状況を安定させるのは、日本の責任であると述べたわけである。もうひとつ広田は重要なことを口にした。支那に関する国際問題は日本を主とする、と明言したのである。議場の誰もが、また国民も気にも止めなかったであろうこの一言が、直後に発生する問題とつながっていく。

続いて広田は貴族院の演壇に立った。

「若し各国は互に其誠意を披瀝しまして相互の立場を正解し、以て万邦協和の大精神を発揮するに於きましては、如何なる難問題でも其解決を計ることは必ずしも至難ではないように思ふのであります」

広田の代名詞となる、万邦協和外交の宣言である。その意味するところは単純だ。各国がそれぞれの立場を尊重し合い、親善を基とする外交をするということだ。外務大臣として常識的なことをわざわざ言ったのは、満洲国の育成のためにも友好を強調する狙いがあったとみられる。これからは外交の時代というわけである。満洲事変以来、とかく軍事行動が目立ったなかで、改めて友好を打ち出したため、万邦協和が輝いたのである。問題はこの方針が中国に対してあてはまるのかであろう。日本の考えと相容れない国民政府に対し、誠意を求めても無理な話なわけである。複雑な隣国に対し、如何に万邦協和で接しようとするか、広田の腕にかかっていた。

※支那という言葉について一言しておく。支那は、中国人自身も自らを支那人と呼ぶ時期もあった。政府のレベルで言えば、中華民国が成立した以後、大正時代には支那共和国という呼び名が使われた。北伐成ったあと、相手側からは正式の国名である中華民国を採用して欲しいとの要請があった。だが政府文書や新聞、書籍では支那が一般的であった。終戦後、日本政府は公式文書では支那を用いないことを決めた。支那という言葉に中国人が反発するのは、様々な場面での日本人の行動の結果であるとの指摘があるが同感である。

日本の排他的独善性をさらけ出した天羽声明

昭和九年四月十七日午後、広田の外務省は俄に慌しさにつつまれた。当事者の日記をひもといてみよう。

「四月十七日

朝、東京朝日ニ日本ハ東亜ノ唯一ノ安定カト云フ意味ノ記事出テ午後内外記者ヨリ質問出ツ、対支政策ヲ話ス」(天羽英二日記)

天羽英二はモスクワ時代の部下であり、この時外務省情報部長であった。新聞記者との窓口役である。一体この日の朝日新聞は何を報じたのか。当時の紙面を見てみると、国際面と覚しき欄に次の見出しがある。

〃対支外交の瀬踏に汪氏と重要協議　有吉公使今夜南京へ〃

汪氏とは、日本との因縁が深くなる汪兆銘のことであり外交部長の地位に在った。有吉と汪とは、日本と河北省を中心とする北支について、今後どうするかというテーマで話し合うことになっていた。河北省の主席を誰にしてどのような機構を作ろうと、本来は外国である日本が口を差しはさむことではない。しかし前述した対支政策によって、できるだけ南京政府の影響の薄い形にしたいのである。当時の日中の国力から、日本がモノを言えた時代であった。記事のなかで、外国人記者団が注目したのは次の部分であった。

「連盟をして容喙する余地なからしむることが、東亜における平和維持の責任者として当然取るべき方針なることの確信を強めたによるものである」

記事から読み取れるのは、確信を強めたのは日本であり、国際連盟は東亜即ち中国に介入するなという内容であったから、外国記者団の目を引いたわけである。新聞記事ではあったが、東亜の主導者は日本であるとも宣言していることになり、記者団は外務省にその真意を質してきたのである。

これに対し報道官の天羽はこうコメントした。

一、日本の中国に対する態度は、外国とは必ずしも一致しないところがあるかもしれないが、これは日本の東亜における地位使命からやむを得ざるところである。

一、東亜に於ける平和及び秩序を維持するためには、日本の責任において単独になすことは当然の帰結である。

一、列国側にあって、中国に対して共同動作を執らんとすれば、たとえその名目は財政的援助であろうが技術的援助であろうが、結局のところ政治的意味を帯びることは必然であり、ひいては中国での勢力範囲の設定、国際管理となるので、日本としてはこれは反対せざるを得ない。

天羽コメントは朝日の記事をくわしくなぞったに過ぎなかった。欧米の記者達は猛反発した。中国問題は日本だけが手を出せるのか、どうして日本以外の国が援助をしてはいけないのかという詰問であった。外務省は一ヶ月の間、天羽声明の火消しに追われることになった。

言論界の意見を代表したものは、アメリカのニューヨークタイムズ紙の報道であった。中国

天羽英二

に対する列強諸国の平等を認め合った九ヶ国条約を引き合いに出して、天羽声明は同条約によって拒否されるものと断じる。そして日本外務省の態度は、極東モンロー主義だと批判した。モンロー主義の本家が、日本にモンローの名を冠するのは観点がちがうのだが、独善主義だと言いたかったのだろう。これに勢いを得たかのように、中華民国政府が反論声明を出した。

「何国ト雖モ、世界ノ如何ナル地方ニ於テモ自国ノミ独リ国際平和維持ノ責任アル旨ヲ主張シ得ルモノニ非ス。特ニ指摘セサルヘカラサルハ支那ト他国トノ合作問題ニシテ、借款タルト技術的援助タルトヲ問ハス其ノ協力ハ厳ニ政治的性質ヲ有セサル事項ニ限ラレ居リ」

天羽が、西欧列強の援助は政治的意味を帯びると言ったのに対し、中華民国は経済問題に政治は絡まないと反論したのであった。政府声明の他に、国民政府の要人も怒りの談話を発表した。その一人が孫文の息子である孫科である。孫科はつい二年前、満洲事変の解決に乗り出そうとした矢先、森恪の妨害によって出鼻を挫かれた苦い経験がある。その反発もあってか、中国人記者に激烈な調子で述べた。

「日本外務省ノ非公式声明ハ、日本ノ東洋ニ対スル野心ヲ遺憾ナク暴露セルモノニシテ世界ニ重大ナル反響ヲ与ヘタルハ当然ナリ。日本ノ声明ハ欧米各国ノ支那建設ニ対スル援助ハ東亜ノ平和ヲ破壊スルモノナリトナスモ、右ハ荒唐極マル謬論ニシテ九ヶ国条約、不戦条約等ヲ破レル日本コソ東洋平和ノ破壊者ト云フヘシ」

わざわざ〃非公式声明〃としたところに、知日派である孫科の配慮が感じられる。確かに天羽のコメントは、今日の視点で見ても独善主義の批難は免れない。世界の実情に通じているはずの外務省高位者が、どうしてこのような説明をしたのか。筆者の考えるのはこうである。辛亥革命後の中国はまことに混沌たる大集団であった。南北分裂、群雄割拠で統一の体を成していない。さらに中国共産党という有力な政治団体が現れて、言うなれば彼らの国─解放区を作っている。ベルサイユ講和会議であったと思うが、中華民国代表の他に張作霖も代表員を派遣している。実際に、「支那とは何ぞや」という声が出たのも頷けるのである。隣国日本は、隣同士という関係からこうした状態を放っておけなかった。当時は、そのような対中認識があったのだと言える。

天羽は記者団への説明のなかで、現在進行中の経済合作問題を指摘した。現在某国が中国に軍用飛行場を計画しており、日本は反対であると述べたのである。某国とはアメリカであり、福建省の厦門《アモイ》と福州に軍用飛行場の計画を進めていた。米中からすれば、第三国の干渉は受けられないというわけである。ニューヨークタイムズと中国が反発したのも当然であった。天羽は何故この建設計画を問題にしたのか。それは厦門が、日本の領土である台湾と相対していることによる。かつて、明治三十三年の頃、日本は義和団事件の最中に厦門の領有を狙ったことがある。北支に主眼を置いてきた日本であったが、南支の注目地は厦門であった。日中間には大正の初めの交換公文によって、福建省沿岸部には中国は軍事施設を作らない約束があった。だから日本としては正式な見解なのだが、中国の言い分は共産党討伐のためということであった。事実国民党政府は、この年から歴史的な大西遷作戦を始めている（中国共産党は後に長征と呼ぶようになった）。

広田は思わぬ反響に困惑した。今年初めの衆議院演説で、自ら同じようなことを言明した時は何も起きなかった。それなのにという思いであったろう。新聞記事が元ではあったのだが、天羽声明は、今流行の言葉で言えば、〝炎上〟したのである。結局のところ炎上を消すために、外務省は非公式当局談だとのコメントを出した。中国要人の言を借りた形となり、この点では孫科に感謝すべきであろう。

天羽は、何も自分の考えで声明を読みあげたわけではなかった。情報部長という要職ではあったが、自身としては中国政策の専門家ではない。だから省内で決まっている、担当部署の政策を説明したに過ぎないと思っていたに違いない。広田は騒動の起きる前の四月十三日、南京の有吉公使に宛てて電報を打っている。標題は、「対支国際協力ニ対スル我方ノ態度等ノ件」となっている。内容は次の通り。

一、東亜に於ける平和秩序の維持は、日本が自己の責任で単独に行うこと。

一、もし列強諸国が支那に対して共同動作を執ろうとすれば、財政的技術的名目を持つとしても、必らず政治的意味を含むこととなり、日本は主義として反対を表明すること。

一、支那に対する軍用飛行機の供給、飛行場の建設、軍事顧問の供給等は、東亜の平和秩序を壊す行為であること。

一読して明解の通り、天羽声明と寸分も違わない。朝日の記事もこれに依ったものであろうし、天羽は広田電報の内容に沿って記者団に説明したのである。この広田の指示は、中国側と交渉する方針を事前に通報したものであるから、公に出せるものではない。本当の腹積もりである。だから情報部長としては抑えた表現にすべきところを、全てしゃべったことは重大な失策と言わざるを得ない。けれど、実のところは外務省のトップが決めたことなのであった。

有吉公使へ宛てた電文の起草者は、守島伍郎アジア一課長であった。内容を点検したのは、外務次官の重光葵である。重光は守島に何度も書き直させた。中国勤務で片足を失った男の考えが、内容を決定したと思われる。広田の机に回ってきた時、電文は日本第一で固まっていた。経歴からして欧米派であった広田は朱を入れなかった。この時、その頭には、自らが議会で宣言した〝万邦協和〟の精神は去来しなかったのだろうか。万邦協和には、中国は除外するということなのだろうか。外務大臣として就任した時、日本外交は満洲国の存在を基本として出発しなければならなかった。そのためには何としても中国に新国家を認めさせる方法、つまりは友好第一で進めなければならなかったはずである。満洲を手に入れたのだから、何かは譲らなければならない。そのような余裕がなければならない。しかし天羽ならぬ広田声明は、反対に日本の排他的独善性をさらけ出してしまった。万邦協和が口先だけのものであることを、内外に明らかにしたことになる。

天羽英二情報部長は、広田と重光次官に身の処し方を委ねた。天羽日記にはこうある。

「昨日ノ会見後、問題トナラバ自分ノ地位ハ御都合デ如何デモシテ貰イ度イト大臣、次官ニ申出ツ、大臣次官ハ何レモ連帯ト云ハル」

天羽が進退伺いを申し出たところ、二人は連帯責任をほのめかした。何しろ自分達が起案してまとめたわけだから、天羽一人に責任を押しかぶせるわけにはいかない。奇妙なことだが、連帯によって人事が動くことはなかった。重要なことは、対中関係をどう修復させるかということであった。しかし広田はこの件で懲りたのか、昭和九年の後半は特段のことはしていない。中国については、傍観、静観状態が続いた。省内からは、何もしない大臣への批判の声が出た。

須磨弥吉郎南京総領事の対支静観主義放棄論

「即ち満洲国を建国の理想通りに王道楽土たらしむべく努力するの必要あること固よりであるが、これと同時に、支那に対して、寧ろそれ以上に、日支共存共栄の大局的見地から、その崩潰を防止し進んでその再建復興に寄与し得べき建設的方策を用意して臨んでこそ、打開の途ありと言ふべきで、これとりもなほさず又目前の対支政策の要諦でなければならぬと私は確信している」

これはひとつの建白書である。書いた当人は現役の外務官僚、南京総領事の須磨弥吉郎だ(この頃、公使館は上海に在り南京には領事館が在った)。須磨はなかなか骨のある人物で、関東軍の熱河作戦を批判したことは前述した。標題は、対支静観主義放棄論、であり広田外交の尻を叩く内容となっている。須磨は、主として二つの点から静観主義から脱すべきだとする。

「第一に従来我々は、支那の共管とか分割に対しては極力反対して来たものであるが、現在の情勢から観察すると、我々の恐れてゐたものが、段々近付いて来るやうな気がしてならないのである。（中略）仮令百歩を譲って然らずとするも、列国と支那との経済関係が日一日と増進して行くのを、我国独り指喰へて見てゐるといった法はなく、況んや満洲が我国防の生命線なら、差詰め支那は我経済の栄養線とも云ふべき重要な関係にある土地柄とて、これを列国の跳梁独占に委することは如何にも我国の忍び得ないところであって、今にして、何とか一工夫するにあらざれば、悔を千載に貽す結果とならう」

天羽声明は日本の独善性を表明したものとして、広田の外務省は諸外国から批難された。それは列強諸国は、堂々と中華民国に対し様々な援助を与えていたからだ。須磨は、日本一国が独善的立場を堅持している場合ではないとするのである。

「更に我々の断じて無関心なる能はざるは、支那の赤化に対する危険である。蔣介石累次の江西赤軍討伐が常に事実失敗に終はり、又四川の共匪が如何に猖獗を極めたところで、まさかに支那の全土が、しかく簡単且急速に赤化すべきことは、先づ先づあり得ないであらうけれども亦、現在の如き乱脈極まる政情の下に於いて、又今日の如く一般民衆の窮乏甚しく殊に農村の疲弊極度に達したる時代に於いては、それ自体が赤化の進展に好個の条件を提供するもので、この見地よりして、赤化の傾向は漸進的ではあるが、常に拡大強化すべきことこれ亦疑ふべくもない」

中国共産党の動向を予測しているのは見事である。日本は、共産党の勢力防止のためにも積極的に乗り出さねばならないと主張する。「崇高な東洋平和維持の我等国民的天職遂行のために、従て支那を赤化と分割共管から救ふために、又人類の文化擁護のために将又人道のために、何を措いても取敢へず、日支関係行詰の打開から着手して、危機に瀕せる支那救援に乗出す必要あることを私は痛感するものである。思うてここに至ると、我々は最早や少しの躊躇もなく静観主義を放棄すべきであり、これ又我国固有の精神に合致するものと確信するものである」

〝人類の文化擁護のために〟、〝人道のために〟とは、いささか片肘の張り過ぎと言えなくもない。ともかく何かをやれという、熱血外務官僚の叫びであった。ここには何ら具体策は示されていないが、こうした建白書が出るほど、天羽ショック後の外務省は、こと対中政策に関しては無策だったということだ。広田に言わせれば、北満鉄道の件をみろと胸を張るであろう。北満鉄道とは、ハルビンから北に伸び東清鉄道と接する路線のことである。ロシアのものだったのを、満洲国の防衛上有益だからというので買収した（昭和十年三月）。確かに広田外交の成果であろう。須磨が問うているのは、満洲国と密接する中華民国のことであった。須磨の訴えの裏には、外務省が動かなければ、満洲事変のように再び軍部が事を起こすかもしれないという意味があった。翌昭和十年、それが現実となって表われる。

結局、外交を放棄した広田

昭和十年五月四日の午後、広田のもとへ天津の川越茂総領事から電報が入った。内容は二日深夜から三日未明にかけて、天津日本租界内で起きた殺人事件であった。親日系新聞の二人の中国人社長が殺された。租界とは治外法権地区のことである。日本人同士の事件なら報告するにはあたらないが、日本租界内で南京政府とは反対の立場にある新聞社のトップが殺害されたことが問題であった。川越総領事（翌年には大使となる）は、「本件犯行ノ裏面ニハ何等政治的事情存在スル事、直ニ想像セラルル次第」と打電してきた。政治的事情とは、南京系のテロ組織の存在を意味している。犯行の目的は、租界内でも日本に理解を示す言論は許さないということだろう。背景には、塘沽停戦協定への反発があるとみられた。非武装地帯という名目で、広大な地域を日本に奪われたという反発感情が、中国人の間にあったのである。

電報を受け取った広田の反応は鈍かった。この時、日中間では重要な目出度いイベントが控えていた。公使館を大使館に格上げすることであった。大使館は欧米主要国に置かれており、日本が中華民国をこれら主要国と同じレベルで接するという証である。広田は以前からの相手の要請に応じて、大使館昇格を省内で根回しせず一人で決断した。公使は大使となり、中国は蔣作賓が初代駐日大使となった（日本側は有吉明）。対中静観主義を省内から批判された広田ではあったが、このような名目的手段で両国関係の打開を図ったのである。外目には名目的と映っても、外交の世界では大使館昇格は重要なことらしい。行政院長の汪兆銘は感激して涙を流した。つまり広田は、昭和十年に入ってからは日中関係は平穏とみたうえで、この措置を執ったと言える。五月七日、岡田啓介内閣は日中の大使館設置を正式決定した。天津の殺人事件は日本では忘れられようとしていた。危機感を持ったのは現地軍部である。

五月二十五日、天津派遣軍参謀長酒井隆大佐は、杉山参謀次長宛ての電報で、近日中に河北省主席于学忠の罷免を要求することを伝えてきた。天津派遣軍とは、明治三十三年北清事変のあと、米英など列国と共に駐屯している部隊である。任務は奉天に通ずる国際借款鉄道の警備と租界の治安維持であった。一般に中国には日本軍だらけのイメージがあるが、駐屯している陸軍は満洲の関東軍、天津の派遣軍である。その酒井が過敏になったわけは、非武装地帯に中国兵が入り満洲にも侵入している実情があった。前年には宋哲元の熱河省侵入事件が起こっていた。宋哲元は、河北省のすぐ北側に位置するチャハル省の将軍である。チャハル省は熱河省と長大な境界線を有しており、その気になれば侵入は容易だ。酒井を中心とする天津軍は、度重なる侵入の背後には南京政府系の指令があるとみていたのである。加えて租界内での殺人が起こった。治安維持のうえからも天津軍（司令官は最後の参謀総長となる梅津美治郎）の緊張は高まった。

二十九日、酒井は北京の政務整理委員会に対し次のことを要求した。

一、蔣介石は日本を敵とするのか友邦とみるのか明らかにすること。

一、憲兵第三団、藍衣社、政治訓練所及国民党機関を北支より撤退させること。

一、第二師、第二十五師の北支からの撤退。

一、河北省主席の于学忠罷免。

藍衣社とは、国民党直系の名を知られた特務機関である。これが天津を含む河北省一帯で、様々な策謀を行っていることは確実であった。酒井が列挙した諸団体は、ことごとく南京中央政府の直系組織である。これらを北支から撤退させるということは、河北省は非武装地帯になることを意味する。于学忠は張学良と親しいと言われるので、後釜には日本に好意的な人士を据える肚であろう。天津軍の要求には威嚇が伴っていた。天津のアメリカ領事は、本国に次のように報告している。

「天津日本駐屯軍ハ過去三日間異常ノ活気ヲ呈シ、各支那官衙ニ派兵シ撮影ヲナス等概シテ暴慢ナリ。昨日午前中日本軍ノ一隊ハ武装ヲ厳ニシ装甲車、軽砲機関銃等ヲ伴ヒ省主席官邸前ノ衛路ニ展開セリ。日本軍ハ故意ニ挑戦的態度ニ出テ居ルハ明カナルモ、只今迄支那側ハ彼等ニ開戦ノ理由ヲ与フルコトヲ避ケ居レリ」

有無を言わせぬ通告であった。

蔣介石はこの頃、国民党軍を率いて全力で共産党軍を追撃中であった。中国紅軍は、江西省瑞金の長年の根拠地を奪われ、新たな天地を求めて西方に移動しつつあった。その背後から国民党軍の銃火が追う。追撃は空からも行われた。紅軍の大逃避行であるが、この苦難の中で毛沢東の指導権が確立するのである。軍陣に在った蔣介石は、北方の危機を開くや駐日大使に次のように指示した。

「国民政府としては、誠意をもって事態の拡大を防止し問題の円満解決を図る方針であるが、とりあえず河北政府を保定に移動せしむることにした。日本軍部に国民政府の意のあるところを伝え、無事解決するよう尽力せられたい」

蔣介石は、河北省主席于学忠ではなく日本大使に方針を伝えたのである。つまり、軍部を含めて日本政府と話し合って解決しようとしたのだ。初代大使の蔣作賓は、直ちに外務省に広田を訪れた。蔣大使は、酒井の要求が過大な内容であることを強調した。一方的に外国要人の解任を要求したり、停戦地区外に駐屯している外国軍の撤退を要求するのは、常識を逸脱した内政干渉そのものであると強く迫った。そして蔣介石からの依頼として、河北政府の保定移動を日本軍部に伝えて欲しいと頼んだのであった。蔣大使は、天津軍の要求は政治問題であるとの認識であった。

広田はアジア局長である桑島主計を走らせた。行き先は参謀本部第二部である。桑島と面会したのは、第二部長（情報担当）の岡村寧次であった。桑島は、相手側の人事行政権に関することは外務省も加わるべきだと申し入れたが、岡村は外務省は関係なしと突っぱねた。今回の問題は、専ら塘沽停戦協定の範囲内で中国側の不法行為が続いたこと、現地軍司令官の統帥事項に関連していること、陸軍としては現地解決主義の方針であるというのが理由である。桑島は大した反論もせずに引き返した。

さて外務大臣として広田はどう処理したのか。広田の評伝（『広田弘毅』）を読むと、この点については何も記述がない。諸種の史料を総合してみると、結局何もしなかったと結論せざるを得ないのだ。実にあっさりと軍部の意向に従ったのだ。酒井の要求は、塘沽停戦協定の違反を指摘するにとどまらず、相手国の人事や機構の改革に言及しているのである。統帥事項と岡村は言ったが、現地の要求は統帥、つまり作戦の範囲を越えているのである。しかるに広田は、陸軍の誤りを正すことをしなかった。現地主義で解決するにしろ、統帥事項に限定させることをしなかった。外交の舞台に乗り出すことを放棄したとも言えよう。現地の軍部は要求が不当であることは認識しつつも、勢いで押し切るという姿勢だった。大使館武官の磯谷廉介は、天津軍との協議の席上言い放った。

「二十年来の我々の宿望が実現する好機が来た。恐らく戦わずして目的は達成されよう。つまり河北省は停戦区域内の一部となる。陸海軍外務省が一致して事にあたるという方針は考慮する必要なし。この際は強行あるのみだ」

広田は実に弱気だった。

陸軍中央は強気に転じていた。昭和二、三年頃の、大陸出兵に慎重な中央とは様変わりである。昭和十年のこの頃、陸軍中央を代表する人物は永田鉄山である。永田は陸軍省軍務局長として、軍事と政治の要の位置にいた。永田は満洲国発展のためにも、対中関係、ことに満洲と接する地域の安定が必要と考えていた。天津軍の行動に直接タッチすることはなかったが、周辺の安定が得られるならば仕方なしとしたのではなかろうか。反対に、中国側からの挑発があろうと手を出すなという考えがあった。永田と並び称される、小畑敏四郎陸軍大学校校長の主張である。小畑は、満洲国の不安は北にあるとして対ソ防衛に徹せよと言った。対ソ重視か、対中重視かであるが、後者つまり中国に対して強気に出る方向に中央としても傾いた。この強気の淵源は満洲国の育成発展のためであった。
六月十日、南京政府代表の何応欽は天津軍司令部に回答した。
一、国民党河北省支部は撤退する。
一、国民党中央軍は河北省外に移駐する。
一、国民政府は近く全国に対し排日運動の禁止命令を出す。
世上、梅津―何応欽協定と呼ばれている。于学忠はみずから主席の地位を退いた。磯谷の発言通り、河北省から国民党機関は姿を消したのである。余勢を駆って軍部は、チャハル省から国民党支部を追い払うことにも成功した(土肥原―泰徳純協定)。かくして軍部外交によって、河北、チャハル二省は中立化されたのであった。広田の外務省は傍観していた。

中国の三原則と日本の三原則には天と地の開き

日本が河北省とチャハル省に足場を築いた昭和十年の夏、天津軍司令官が梅津美治郎から多田駿に変わった。多田は九月二十四日に、河北省その他に対する現地天津軍の採るべき方策を表明した。邦人記者団に発表したともパンフレットを配布したとも伝わっているが、これは多田声明と呼ばれ中国側の猛反発を招いた。そのために広田は蔣作賓大使から抗議を受け釈明することとなった。

世上多田声明と言われるものには、奇妙なことだが二つある。先ず問題となったものの要点は次の三点から成る。
一、北支より反満抗日分子の徹底的一掃。
二、北支財政の独立による民衆の救済。
三、北支五省の軍事的協力による赤化防止。
声明は、これらを実現するには政治機構の改正を必要とするとし、さしあたり北支五省連合自治体結成への指導を要するとなっていた。北支五省とは、河北省、チャハル省、綏遠省、山西省、山東省を指している。まぎれもない中華民国の領土について、財政の独立なり自治体結成に言及しているのだ。しかも発表した者は、外交を代表する人間ではなく現地軍司令官なのだ。これは内政干渉を通り越して、天津司令官による軍政に等しい。

多田をしてそこまで強気にさせた背景には、北支の政客達が反蔣介石の態度を採っていたことがある。山東省の韓復榘、山西省の閻錫山、河北省には宋哲元、商震、万福麟といった頭目が顔を並べており、彼らは南京中央政府とは距離を置こうとしていた。日本側の条件によっては、自治体構想に乗ってくることも十分考えられたのである。内容が報道されるや蔣大使は直ちに広田を訪れ、「多田声明は中国官民に衝撃を与えている」と迫った。広田は、「司令官は実際には声明には関与しておらず、新聞も取り消していると承知している」と、困惑気に答えるだけであった。以上が、実際に表われた多田声明の内容である。

もうひとつは、前記のものとは似ても似つかぬものである。大体多田パンフレットは現物が見つかっていないのだが、その全文とされるものは残っている。緒言から各項目ごとに対中政策の重要性が述べられており、中心を為す帝国の対支態度には八つの基本政策が列挙されている。いくつかを挙げると次のようになる。

一、常に公明正大なるを要す
一、搾取主義を排し与ふる主義を採るべし
一、独立を尊重し民族の面目を保持すべし
一、新旧軍閥及び其の他の搾取者は消滅するを要す
一、職業的親日派を排撃すべし
一、誤れる優越感を捨つべし

（『北支の政情』より）

一読してまことに立派なものとわかる。多田は残した手記のなかで、パンフレットの標題が「対支基礎的観念」であったことを明らかにしている。そして内容も、全くここに掲げたものと同じなのだ。それが何故正反対に伝えられたのか。一つの見方がある。

「かねてから関東軍の幕僚の間に、北支に自治政権を樹立しようとする企図が強く内在し、天津軍の酒井参謀長がこれに策応しつつあったので（中略）、右配布文書が多田司令官の知らぬ間に、関東、天津両軍の一部幕僚によって、謀略的に改変利用されたのであった」（『国史の最黒点・上』）

寝耳に水の多田声明を何とか口先で逃げた広田であったが、今回は新たな動きに出た。中国が、友好方針を変えていないことをとらえて、しっかりとした日中関係の原則を確立しようとしたのである。熱心だったのは相手側で、特に唐有壬外交部次長の存在が双方を前進させる力

となった。日本側にとって唐次長は、まことに得難い人物であった。次長の和平提案は、蔣介石の眼を通したあと、九月になって日本側に提出された。

一、日中相互の完全独立尊重。
二、真正の友誼の維持。
三、平和的外交手段による事件解決。

満洲国については不問とするとして、この三条件が満たされるならば、塘沽停戦協定以後の軍事協定は不要になるという。これは中国の三原則であり、親日派の唐有壬、汪兆銘が考えた懸命な原則であった。

一方広田の方はどうであったか。外務省のまとめ役は守島伍郎課長であった。守島の回想によれば、陸軍、海軍、外務三省の折衝は、全くスッタモンダの連続でありまとめるのに多大な努力を要したという。焦点は三、四点に絞られていたが、日本を主とする方針を盛りこもうとする軍部と、平等を旨とする外務省の調整であった。十月四日に正式決定された標題は、単に「対支政策に関する件」となっていた。世にいう広田三原則である。

一、支那側をして排日言動の徹底的取締りを行い、欧米依存政策より脱却して対日親善政策を採用すること。
二、支那側をして満洲国の独立を事実上黙認するとともに、その接満地域である北支方面に於ては、満洲国との間に経済的文化的提携を行わせること。
三、支那側をして外蒙接譲方面から来る赤化勢力排除のため、我方の希望する施設に協力せしめること。

これ全て〝支那側をして〟とあるように、日本の描く方策に従わせようとしている。尚これには附属文書があって、「状況に依り支那に於ける中央及地方政権を相牽制せしむる等、同国政局の関係を利用することあるべきも」と記されている。日本の一部に根強くある、中国分割論を反映したものと言えよう。この広田三原則は、最初から終わりまで相手に屈伏を要求するに等しく、外交原則とはとても言えない。守島は、〝スッタモンダ〟と回顧しているが、陸軍の主張そのものと評されても仕方あるまい。双方の三原則は天と地の開きがあった。国民党政府内では、日中友好を進めた唐有壬らに批判が強まった。下手に出てはみたが、一方的な要求を押しつけられただけではないかというわけである。その声は十一月になって、汪兆銘狙撃という事件と化した。そして対日融和の中心人物である唐有壬は暗殺された。広田三原則が招いた悲劇であろう。

北支分離工作への協力

昭和十年十月二十日のこと、河北省の香河県という所で、二千名の農民が県庁に押しかけ租税軽減を要求した。中国民衆が税金に苦しむのは昔からのことである。ことに清朝崩壊後の国内軍閥対立時代は、各省の圧制が一層ひどくなっていた。だから起こるべくして起きたものと言えようが、農民の要求には、蔣介石と国民党政府の否認という政治的主張が含まれていた。

単なる税金を下げろという声とは異質な印象を与えていた。参謀本部は次のように分析している。

「抑々北支自治運動の根底は一朝一夕に醸成せられたるものにあらず、南京政府過去十年に於ける対北支政策は、実質に於て搾取の一語に尽き住民の困窮疲弊其極に達す」（「北支自治運動の推移」）

参謀本部は、香河県の騒動を住民による自治運動と観ていた。そして、「北支五省の政治的分離独立の階梯たるに至るべし」と観測している。

香河県農民の困窮はその通りであろう。搾取のあることも頷ける。だがこの二千名の農民のなかに、日本人も混じっていたとなると首を傾けざるを得ない。伊達や酔狂で加わったのではなかった。北支青年同盟と称する団体の日本人が、中国人と一緒に拳を振り上げていたのである。では彼らは、農民の貧しさに同情して圧力団体となったのだろうか。否、北支青年同盟の背後には日本の特務機関が在ったのだ。天津の海軍武官である久保田久晴大佐は、報告書のなかで機関の存在について触れている。

「従来兎角の評ありしは陸軍部内者も之を認めあり。現に土肥原も亦酒井前参謀長（之は種々なる関係もあるべし）も之を口にし、過去の動向につき評を下し居れり」（「天津鎖聞」）

謀略の専門家である土肥原賢二（A級戦犯として刑死）も一目置いていたのは、通称青木機関と呼ばれる存在であった。これは天津の特務機関なのだが、機関長の大迫通貞大佐は様々な人間を使って活発な裏面活動を行った。北支青年同盟は六月に豊台兵変という挙兵騒ぎを起こしているが、青木機関がうごめいていたことは確実であろう。香河騒動の裏にもこの機関が在ったことは間違いなかろう。その目的は、住民の間から自治の声を挙げさせ次第に河北省分離へと導くことであった。特務機関は参謀本部が監督するものだが、青木機関をどれだけ上級部署が監視していたか疑わしい。

この頃、思わぬ方向から日本政府と軍部をあわてさせるニュースが飛び込んで来た。十一月三日、南京国民政府は幣制改革を断行すると発表したのである。紙幣と貨幣を新しくして、統一されたお金を全国に流通させようとした。中華民国は、それまで地方毎に色々な通貨が使われるという近代以前の状態であった。地方の分離独立が企画されるのも、こういう経済的実態があるからである。日本があわてたのは、幣制改革がイギリスの指導によるものであったことから、イギリスの力の増大を懸念した。イギリス大蔵省顧問のリースロスは、先ず日本に立ち寄って協力を求めている。しかし日本が拒絶したことから、リースロスは中国に渡り改革の指導にあたったのであった。また軍部が恐れたのは、北支自治運動が下火になることであった。通貨の統一により経済が安定発展すれば、中央政府の権威は自然と高まり、分離独立の意味はなくなるはずだからである。幣制改革の柱は銀の国有化であった。そのため全国の銀が中央に集められることとなった。関東軍と天津軍は、様々なルートを通じて妨害工作を行った。しかしその効果はなく、全国の銀は上海に集り対外為替は安定した。リースロス改革は成功したのである。自治運動を期待していた現地軍は焦り出した。

焦りは南京政府も同じであった。幣制改革よりも、日本軍の現地工作の方が一歩先んじていたからである。それは宋哲元が十一月十一日発表した宣言による。北支に親日反ソの政権を樹立し、その領域は五省三市という日本軍が希望する区域となっていた。五省のひとつである山東省の韓復榘も同じ内容の電報を南京に打った。対して蔣介石は、山西省太原に閻錫山を訪ねて中央政府に従うよう説得し、宋哲元にも部下を送って懐柔工作を続けた。しかも口先だけではなく、演習に名を借りて数個師団を北方に向けて移動させていた。十三日、南次郎満洲国大使は広田外務大臣に、幣制改革は民衆の怨みを買っているとして次のように打電している。

「今ヤ北支那自治乃至分離運動ハ之カ為ニ更ニ拍車ヲ掛ケラレ、帝国ノ抱懐スル北支工作ヲ断行スルニ絶好ニシテ又トナキ機会ヲ現出セリ」

リースロス改革の成果が確固とならないうちに、分離独立策を外務省として執るよう促すものであった。関東軍は、中国軍の北方移動を耳にするや、兵力を中国との国境に集結させた。

外務省の職員は誰もが広田に注目していた。河北省を間にはさんで、互いに相手は見えない距離ではあったが、日中両軍が対峙した形となっているのだ。この際、政府の一員たる外務大臣がどのような方針で臨むのか、固唾をのんで見守った。口の多い南京総領事の須磨弥吉郎はこの時も、「今直ニ行動ニ出ツル点ニ付急速厳格ナル御措置相成ル様致度ク」と広田の尻をたたいた。広田は十八日、有吉大使に次のように指示した。

「北支工作ハ、現地ニ於テ適宜工作スルト共ニ、他方南京側ニ対シ同政権ニシテ速ニ北支ノ現状ニミートスルカ如キ適当ノ措置ヲ執ラサルニ於テハ事態ハ益々悪化スルノ虞アリトノ趣旨ヲ説示シ、以テ南京側ヲシテ北支ノ現状ニミートスルノ態度ニ出ツル様仕向ケテ目的ノ達成ヲ期

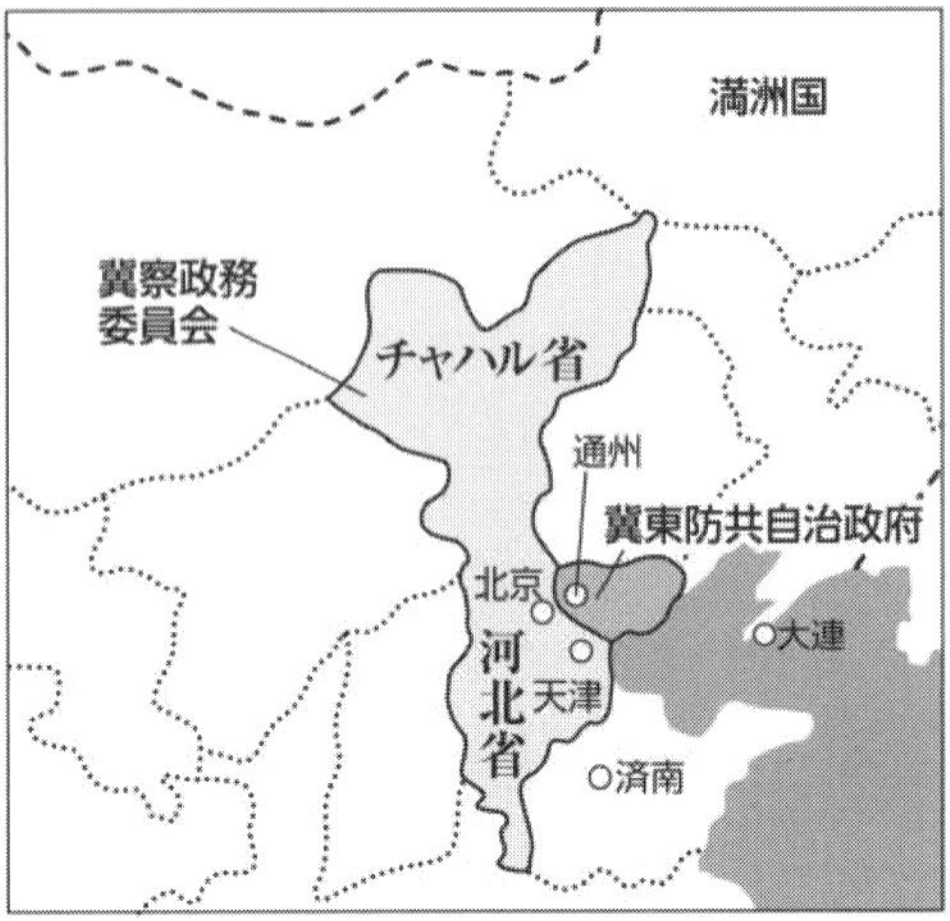

冀察と冀東の範囲図

スルコト可然、又斯ノ如キ方法カ北支工作ヲ進捗セシムルト同時ニ中南支ニ於ケル我方ノ地歩ヲ固ムル所以ナリ」

〃ミート〃とは英語のmeetであろうが、現状に応ずるという意味だろう。また〃現地に於テ適宜工作〃とあるように、現場での処理を第一とするとしている。現場で動いているのは関東軍と天津軍である。つまり軍部の意向に従うようにせよと言っているわけだ。有吉大使は二十日蔣介石と会見した。大使は北支の現状から、南京政府が容認できる自治方策をまとめるよう要請した。蔣介石は峻拒した。これは内政にかかわることであり、北支問題は中央で処理すると断言した。当然であろう。仮りに自治の要求が自然に起ったのだとしても、日本が介入できるものではない。蔣介石は、現実に進められている北支自治運動の裏には日本軍が存在すると批難した。事態は明白であった。広田はミートという表現で現状を糊塗し、北支という中国の領域であるにもかかわらず、軍の進める分離工作に従ったことになる。

混沌とした情勢のなか、十一月二十五日になって河北省通州で自治宣言が発表された。殷汝耕という早稲田大学出身の人物が代表となり、冀東防共自治委員会（後に政府と称する）なるものを作りあげた。この委員会の管轄区域は、塘沽停戦協定で非武装地帯となった場所と重なりあっていた。殷汝耕の背後には、奉天特務機関長の土肥原賢二がいた。非武装地帯にこのような自治体が現われること自体、協定違反を通り越した異常事態である。南京政府は直ちに殷汝耕の逮捕令を出した。二十六日、古荘陸軍次官は天津軍、関東軍へ電報を打った。

「北支自治政権樹立運動ヲ推進シ所期ノ目的達成ヲ期シ北支時局紛糾セル場合ニハ必要ニ臨ミ派兵ヲ奏請ス」

河北省一帯では、日本軍のあからさまな圧力を知ったインテリ層が、猛烈な反対運動を起こしていた。こうした妨害を排除するため、陸軍は武力の使用も考慮していたのである。自治宣言が出された通州という場所は、二年後の盧溝橋事件の時、日本民間人虐殺の現場として登場する。

東京の陸軍中央は、更に圧力を強めるよう関東軍と天津軍へ指示した。当初は現地軍が推進した北支の自治分離運動だったが、中央もこれに和するようになっていた。陸軍省は十二月三日の関東軍、天津軍への電報で大略次のように述べている。「宋哲元等ヲ指導シ自治運動ノ進展ヲ策スルコト従前ノ通リ」、「南京側ニ対シテハ三原則ノ実行ヲ強要スル」、「何応欽等南京要人ヲシテ北支時局ヲ処理セシムルコトハ極力之ヲ排撃」といった内容である。前記陸軍次官の電報と合わせて読めば、〝派兵奏請〟、〝強要〟、〝排撃〟といったように、最早北支人士の指導というレベルを超えていた。南京政府は、このままでは宋哲元が日本側に屈服するとみて先手を打った。二省二市（河北省、チャハル省、北京市、天津市）を区域とする、冀察政務委員会を発足させた。こうしておけば、ひとまず日本の要求を受け入れた名目が立つ。つまり中国側は、意に反して自治政府を作らざるを得なかったのである。十二月十八日のことであった。かくして日本軍部の目論見通り、北支には二つの自治政体が生まれたのである。

この年初めの議会で、広田は「私の在任中に戦争はない」と大見得を切った。確かに戦争は起きなかった。しかしこの昭和十年は、日中関係にとって大変重要な一年となった。日本軍部は、河北省とチャハル省の中立化に成功した。広田は軍部の越権行為を諫めることはなく、相手を日本の言いなりにさせる外交三原則をうち樹てた。ギブアンドテイクが本来であるはずの外交では、およそ考えられない原則である。ことに十月以降は、現地軍の意向に従順と思われるような動きである。現地の実状にミートせよという、有吉大使宛の指示が雄弁に物語っている。広田は、北支の分離工作に協力したことになる。

二、広田内閣は「軍部内閣」

陸軍の政治介入による組閣

総理大臣の椅子に誰が座るかは、一寸先は闇の如しで暗中模索の世界だ。ことに戦前は、元老という特権的立場にある人間の手中に決定権はあった。帝国議会で第一党の党首であっても、元老の意に叶わなければ総理には就けなかった。世の誰もがこの人と期待し、元老も同意して登場したのは近衛文麿くらいのものではなかったか。二・二六事件で岡田啓介内閣が潰れたあと、意外なところから広田を推す声が出た。総理候補にという話は、湯浅倉平宮内大臣、一木喜徳郎枢密院議長といった宮中方面が出所であった。彼らの認識では、広田は軍部を抑えて外交を進めた人物ということであった。人の見方というものはおもしろい。実際の広田外務大臣はこれまで述べた通りなのだが、重臣層の印象は好ましかったのだろう。昭和十一年三月五日、大命は広田弘毅に降下した。

陸軍は、二・二六事件の処理で大揺れに揺れていた。軍は粛軍という名のもとに、反乱者や背後関係者の徹底的処罰を行うとともに、大幅な人事刷新に乗り出していた。ふつうはこれで謹慎の態度を執り続けるところだが、陸軍の旺盛な活動力は外に向かって意見を言い出すのである。〝兵に告ぐ〟のアドバルーンが高々と上がった二月二十九日、陸軍省軍務局は〝後継内閣ノ件〟を発表した。

一、今次事件ノ特質及其ノ発生ノ動機ニ鑑ミ軍ハ自ラ中核ヲ以テ任シ国家的善後処理ニ任ス。
二、新事態ヲ契機トシ皇基ノ恢弘国運ノ進展ニ積極的努力ヲナス内閣タルヲ要ス。
三、具体的政策
　国体ノ明徴、国防ノ充実、対蘇・満・支国策ノ具現、国民生活ノ安定向上。

〝軍ハ自ラ中核〟とは如何なる意味なのか。事件の張本人としての中核なら意味はわかる。しかし国家的処理に進むことや、新内閣の政策を口にするあたり、陸軍はまともに反省しているとは思えない。その精力の行き着くところは、単なる提言にとどまらず政治的な行動となって現出したのである。受けて立ったのは広田であった。

大命を拝受した広田は、外相に内定した外務省同期の吉田茂を組閣参謀とした。そして五日夜から閣員の人選にとりかかった。名簿作りは順調に進み、翌六日朝には広田内閣の顔触れが出そろった。軍部大臣は、陸軍寺内寿一、海軍永野修身である。支障なく初閣議の準備を進めているところへ、陸軍省で大臣声明が出たという連絡が入った。この寺内声明が紛糾の始まりであったのだ。寺内は士官学校十二期生であり、自分より上は事件で身を引くことになったので、いわば陸軍ニューフェースの一番手であると言ってよい。元帥内閣総理大臣寺内正毅の息子であり、新陸軍を背負って立つという意気込みに燃えていた。同期生は、杉山元、小磯国昭である。寺内は次のようなことを言ったのだ。

「この未曽有の時局打開の重責に任ずべき新内閣は、依然たる自由主義的色彩を帯び、現状維持または消極的政策により、妥協退嬰を事とするものであってはならぬ。積極政策により国政の一新されんことが全軍の要望である。右の趣旨に合しない内閣は、果たしてこの内外にわたる非常時難を克服し得るや否や、甚だ疑わしとしなければならぬ」

一体寺内は何を言いたいのであろうか。

寺内は六日の午前中広田と会って組閣名簿の確認をしている。自身としては納得して陸軍省に戻ったはずだ。ところが、ふつうなら考えられない声明を出した。この意味することは明白である。現状のままでは内閣に協力できないということである。文面をそのまま読むならば、

〝消極的政策〟や〝妥協退嬰〟、〝積極政策〟と言ってみても、内閣はできたばかりなのだから言う方がおかしい。この声明の要点は、〝右の趣旨に合しない内閣〟という表現で、政策を変えろということにも読める。手をつけてもいない政策を変えようはない。だから、言いたいことは政策を進めるヘッド、つまり人を代えろとなるのである。寺内は閣僚の名簿を見た。そして陸軍省に帰ったところ、省内の意見に押されたのである。そして陸軍全体の意志として、大臣声明を出さざるを得なかったのだ。

陸軍の真意を官邸に伝えたのは、陸軍省軍務局の武藤章中佐（軍事課高級課員）と佐藤賢了少佐（軍事課政策班長）であった。武藤も極東国際裁判A級刑死者である。広田と武藤という同じ最後を遂げる二人が、この時閣僚名簿をはさんで対峙したのだ。武藤は、広田と書記官長の藤沼庄平を前に本音を語った。閣僚内定者の名前を挙げて変更を求めた。それは全閣僚の半分近い六名に及んでいた。

一、吉田茂（外務）は自由主義者であるから新しい政治には向かないこと。
二、下村宏（拓務）は自由主義の急先鋒であること。
三、小原直（司法）は天皇機関説の支持者であるから相応しくないこと。
四、川崎卓吉（内務）は政党人が選挙を司る内務大臣になるのは不適当であること。
五、永田秀次郎（文部）は力量が不安であること。
六、中島知久平（商工）は金儲け屋であり人閣は相応しくないこと。

内閣制度発足以来、総理を含めて閣僚人事のゴタゴタは数限りなくあったろう。しかし一内閣の人事に対して、これほど傍若無人に批判が出たことはない。しかも二・二六事件を起こした当の陸軍が、官邸に乗りこんで要求しているのである。この一件こそ、真の意味での陸軍政治介入と言うべきである。

個々の人物をみると、川崎卓吉は民政党、中島知久平は政友会、吉田、小原、永田は官僚人、下村は朝日新聞であった。陸軍の嫌いなものは、政党、自由主義的官僚、新聞ということになる。小原について挙げられた天皇機関説は、昭和十年の国内をゆさぶった問題であった。天皇の地位をめぐって、憲法上の一機関であるという説と、天皇の地位は憲法を超越しているとする見方の論争である。陸軍は無論後者であった。理由に挙げられた自由主義なるものもはっきりしない。下村個人に対する批判のようだが、二・二六事件で朝日新聞は襲撃目標になった。

唯一首肯できると思われるものは、政党人が内務大臣になるべきではないという主張である。政党政治の建前からすればおかしなことだが、当時は大なり小なり選挙干渉が行われた。昭和三年の政友会内閣での普通選挙の時、内相鈴木喜三郎は大規模な干渉で政友会を勝利に導いている。後年武藤はこの時のことを回想して、軍が目指す革新政治の実現のためであったと明かしている。大罪を犯した陸軍は徹底した粛軍を進めるべきだが、対外的には政治の革新を断行するべきだというのが、省部（陸軍省・参謀本部）エリートの主張であった。その背景には、二・二六の被告達を犬死に終らせるなという強い声が、全国の兵営でみなぎっていたことがある。その声は大きな音となり波となって、第二、第三の二・二六になる可能性があったという。武藤らは危険な動きを必死に押さえる一方、内閣に対しては強い方針で臨んだのだ。

では陸軍の言う革新とは何か。武藤の同志とも言うべき片倉衷少佐は、二・二六事件で反乱軍将校から銃撃された。病床で片倉は、〝組閣ニ関スル意見〟を書いたが、そこには具体的な施策が垣間見える。

一、内務大臣ニ政党以外ノ者ヲ充当スルコト。
二、農林大臣ニハ救農政策ノ徹底化ヲ庶幾シ得ル人物例ヘハ石黒忠篤ノ如キ人材ヲ充当スルコト。
三、商工大臣ニハ統制経済ノ具現乃至資本主義是正ノ見地ニ於テ之ヲ断行シ得ル人物ヲ配置スルコト（要スレハ無産党起用）。
四、大蔵大臣ニハ尠クモ高橋財政ノ修正ヲ断行シ得ル人材ヲ配置スルコト。
五、文部大臣ニハ教学ヲ刷新シ特ニ大学制度ノ改廃ヲ断行シ得ル人物（例ヘハ鹿子木員信、平泉澄）ヲ登用スルコト。

片倉の意見書からは、救農政策、資本主義の是正、高橋財政の修正、教学刷新、大学制度の改廃という具体策が表われている。全体としては社会主義的色彩が濃い。農相候補に挙げられた石黒忠篤は小作問題に積極的に取り組んだ農林官僚で、地主層からは〝アカ〟呼ばわりされた。陸軍を代表する武藤、片倉らの意見とは、資本主義の是正による富の再分配を求めるものであったと言えよう。しかも軍人らしく、〝徹底化〟、〝断行〟あるのみである。尚このなかに、無産政党を起用とあるのは軍部との接触を伺わせて興味深いが、詳しくは次章の麻生久で述べる。

広田は追い詰められていた。広田を補佐し、知恵を出して陸軍に立ち向かう側近のいなかったことは同情すべきであった。しかし広田自体に押しのける気迫がなかった。政治に不慣れという弱点があるにはある。それを考慮しても、組閣は官邸に一任せよと言うだけの強さがなかった。同じ軍部である海軍は、八日午後になって永野修身が仲介を申し出た。広田と寺内の間に割って入り、四時間にわたって三者で話し合いが続けられた。見方によっては永野が助け舟を出したようだが、実は寺内が事前に永野へ頼んだのであった。海相にも打開策はあるわけでもなく、結局四時間にわたって両者は広田を説得したのであった。九日未明、書記官長藤沼庄平が武藤章に詰め寄った。「これ以上の時間はない。もし内閣ができなければ陸軍の責任ですぞ」と。武藤はようやく折れたのであった。焦点の六閣僚は次のように変わっていた。

一、外務大臣・総理兼任（後に有田八郎）
二、拓務大臣・永田秀次郎
三、司法大臣・林頼三郎
四、内務大臣・潮恵之輔
五、文部大臣・潮恵之輔兼任
六、商工大臣・川崎卓吉

吉田、下村、小原、中島の名は見事に消えていた。川崎卓吉と永田秀次郎は残っているが役所のポストが移動している。永田秀次郎（貴族院議員）の場合、文相として力量不足とされたが拓相なら力量ありと陸軍はみたのであろうか。とにかく陸軍の主張を全部認めた内閣、言う

広田内閣（毎日新聞社提供）

なれば軍部内閣であった。政治をゆがめた広田の責任は重い。

二ヵ月後に開かれた帝国議会で、一人の民政党代議士が質問に立った。その名を斎藤隆夫という。五月七日、衆議院本会議場に登壇した斎藤は、「これより軍部大臣にむかってお尋ねしたい」と舌鋒鋭く斬りこんだ。

「たとえば、今回反乱後の内閣組閣に当りましても、事件について重大なるところの責任を担うておられるところの軍部当局は、そうとうに自重せらるることが国民的要望であるにもかかわらず、あるいは某に省内には政党人入るべからず、某々には軍部の思想と相容れないからしてこれを排除する。是も公平なるところの粛正選挙によって国民の総意は明らかに表明され、これを基礎として政治を行うのが明治大帝の降し賜いし立憲政治の大精神であるに拘わらず、一部の単独意志によって国民の総意が蹂躪せらるるが如き形勢が見ゆるのは、はなはだ遺憾千万の至りに堪えないのであります」

後世、粛軍演説と呼ばれるようになった斎藤の獅子吼である。その説く中味は、理想に近い部分がなきにしもあらずである。公平な選挙というが、度重なる官憲の選挙干渉を無視してよいはずがない。斎藤の選挙地盤（兵庫県但馬地方）は安泰であったが、全ての当選者が公正な選挙運動を行っているとは言い難いのである。けれど斎藤演説の真価は、軍部の行動をズバリと批判したことにある。誰も言わなかったことを、公に突いたことにある。〝政治家は一本のローソクたるべし〟とは、斎藤隆夫の政治信条であった。粛軍演説は時世への一本の槍であった。

軍部大臣現役制復活の意味

広田内閣は発足二ヵ月後の五月、ひとつの重要な閣議決定をした。陸海軍省官制改革というものだが、内容は陸海軍大臣と次官の身分を現役将官とすることだった。実は大正の初めからこの時までは、現役を引退した軍人、つまり予備役後備役の大将中将でも就ける制度であった。陸軍大臣寺内寿一は身分改正を提案し、五月十八日に閣議決定されたのである。広田の総理在任期間はわずか十ヶ月であったが、短命内閣の失政として常に槍玉にあげられている。批判の中心は、内閣成立の鍵を陸海軍に与えてしまったというものだ。つまり軍部の意向に反すると判断されたならば、大臣を出さないことで抵抗することができるからだ。それもこれも、大臣が現役でなければならぬことからきている。軍部が大臣を出さなかった例はあるが、単に内閣が気にいらないという理由であったかどうかは、詳しい検討が必要である。ここではそうした分析には立ち至らないが、現役制復活が誤りであったかどうかを考えてみたい。

改正を強く主張したのは、大臣の寺内よりも次官の梅津美治郎であったとされる。梅津が軍事課に起案させた理由には次のように書かれていた。

一、陸軍大臣は軍人を統督し、軍紀の厳正を保持し、全軍の団結を維持する責務上、現役軍人である必要がある。

二、予備後備役の者は、政党に関係を生じやすく私心が生まれる恐れがある。これは厳正公平であるべき大臣が、統制を乱す基となることになる。

三、陸軍大臣は軍政の管理者として、高い専門的知識と統帥に関する理解が必要であるから現役軍人が望ましい。

四、軍は今次事件にかんがみ、異常の決意をもって統率威力の確立、軍紀の粛正、団結の強化を図っており、従来の制度改善のため現役制を復活させたい。

陸軍が反省という名目で強く主張したのが、第四点でいうところの粛軍であった。軍を本来の姿に戻すというのが狙いである。軍部大臣現役制もそのひとつであった。

軍部大臣の資格から現役の二文字が消えたのは、大正二年の山本権兵衛内閣の時であった。それ以前は勿論現役将官である。山本内閣がこれに変更を加えたのは、当時の陸軍に国民的批判が高まったことによる。明治の末年から大正の初めにかけて、第二次西園寺内閣の陸軍大臣は上原勇作であった（薩摩の勇将野津道貫元帥の娘婿）。上原は二個師団増設が閣議で認められなかったため、大正天皇に直接辞表を提出した。しかも上原は後任者を推薦しなかったため西園寺内閣はつぶれた（推薦はなくとも西園寺が陸軍省に要請すればよい話だがここでは立ち入らない）。世論は、自己の主張が容れられず上原は内閣をつぶしたと批難したのである。山本権兵衛は、陸海軍大臣の身分を広げておけば、後任者に困ることはないと考え〝現役〟の二字を削ることを決意した。海軍は斎藤実という腹心が大臣だったため同意したが、陸軍省の方はこぞって反対した。異例なことだが、大臣木越安綱が必要書類を書き、ひとりの英断によって実現した。木越は日露戦争の殊勲者だが、戦陣に在るよりも大臣の椅子の方が余程苦しかったに違いない。以来陸海軍大臣は現役に候補者がいない場合、引退した大将中将でも政府は任命できるようになった。時あたかも憲政擁護運動の盛り上がりがあり、その成果のひとつと言えるであろう。

軍部大臣非現役制は、確かに画期的な制度であったが果たして機能したのだろうか。つまり内閣によっては、予備役後備役大臣が現出したのだろうか。実は昭和十一年まで、一人の該当者も出ていないのだ。反対にみれば、常に現役将軍のなかに候補者がいたことになる。非現役制は陸海軍にとっては敗北であった。下手に抵抗して予備役大臣を出されぬよう、内閣が変わる毎に現役軍人を推薦したと言えるかもしれない。だからこの制度は有名無実化していた。それを再び現役制にするという背景は、閥という存在への不安からであった。昭和六年以降、ことに陸軍はある現役軍人を頭にしてクーデタ騒ぎを起こした。三月事件の宇垣一成、十月事件では荒木貞夫、そして二・二六事件での真崎甚三郎である。現役を去った彼らが特定の政治勢力と結ぶことを現陸軍当局は恐れた。起案理由に、予備役後備役は政党と関係を生じやすく私心が生まれやすいとあるが、今や現役を去った人物が大臣となって派閥的行動をとることを防止せねばならない。この際、現役制度を確立しておく必要がある。二・二六事件後の陸軍首脳はこのように考えて、現役制復活を強力に主張したのであった（もっとも現役大臣が政治的行動をとることも考えられるのだが）。

陸軍出身の軍事評論家である河野恒吉（朝日新聞）は、次のように観察している。

「従来陸海軍大臣は現役予後備役いずれでもよい制度であったが、二・二六事件前の数年間における陸軍上層部の軋轢抗争の弊と、荒木、真崎の往生際の悪かったことにかんがみ、寺内は、再び派閥の元凶らを陸軍の実権者として復活させまいとして、海軍側の同意を得てこの制度の改変を行った。これは一に粛軍の精神に則った英断であって、決して他意はなかったのだ。寺内はいま内部事情からこれを復旧したのである。政界も当時の情勢上別に問題とせず、かえって寺内の粛軍意志に賛意を表したのであった」（『国史の最黒点』前編）

また広田内閣に注文をつけた武藤章は、内部事情をこう語っている。

「その意味は私の知るところでは、決して軍の横暴を逞しゅうする伏線ではなく、寧ろ軍の粛正を図る目的であった。即ち五大将を始め多数の行政処分に附せられた将官が今後再び党派的策謀を行い、その勢力を利用して陸海軍大臣になることあらんか、由由しき大事なるを以て、如何に策謀するも大臣になる途なしと断念せしむるがよいと云ふわけであったと思ふ」

この武藤の回想は河野と同様であり、真の目的はこうであったということで、筆者も信じてよいと思っている。現役軍人が閣僚として政務に参加するということは、よい面があることを忘れてはならない。陸海軍大臣は政治には関係しないが、政治に無知であってよいことではない。政治を知ることは必要なのだ。その場所になるのが閣議であり、斎藤内閣以来定例化された五相会議（総理、外務、大蔵、陸軍、海軍）、そして議会であろう。国会の本会議や委員会では、閣僚として発言し答弁しなければならない。現役軍人こそがこうした場に出て、政治を肌で知る機会となるのである。それは軍部大臣を常識化たらしめるものと言えよう。

果たして広田は、この問題についてどういう意見を持っていたのか。広田の伝記によると、現役制を復活する代わりに陸海軍と合意したことがあったという。それは、軍部大臣を総理が指名できるようにするものだった。従来陸軍大臣の場合は、大臣、参謀総長、教育総監の三名が協議し決めていた。それを総理指名にしたということは、広田も軍部大臣選定の難しさを認識していたのであろう。画期的なことと言わねばならないが、では制度化したのかというと、どうもその点ははっきりしない。広田内閣に限っての内諾であった可能性が強い。その証拠に、翌年宇垣一成に大命が降下した時、宇垣には何の力もなかったことだ。陸軍は、それこそ全陸軍一丸となって宇垣阻止に動いた。大臣現役制を悪用したことも事実である。巨大な政治介入であった。これは軍人の暴走だ。当時の総理大臣はそれほど権限が強かったわけではない。如何に陸軍の嫌う宇垣だったとしても、かくまで反応する必要はなかったのではなかろうか。

広田内閣の十ヶ月間、日中関係は停滞したままであった。昭和十一年は仙頭での領事館巡査射殺事件に始まり、新聞記者や海軍水兵が犠牲となる対日テロが相次いだ。特に四川省での成都事件と広東省の北海事件は、一般民衆の手による殺害であり抗日意識の高まりを示すものであった。このため川越茂大使と張群外交部長、あるいは須磨弥吉郎上海総領事と高宗武アジア局長との間で何度も話し合いが続けられた。日本側は抗日勢力の取締りを要求すると共に、基盤を築いた北支での権益拡大を図った。しかし、南京政府に日本人顧問を入れるという、まるで張作霖時代の慣行を持ち出したため一連の会談はまとまらなかった。両国暴発の危機を抱え込んだまま一年が過ぎたのである。

広田内閣の失政として、南北併進を盛りこんだ「国策ノ基準」を挙げる声が多い。だが今は先を急ぎたい。昭和十二年、再び外務大臣として執った行動こそ大事であると思うからだ。広田内閣の失敗はその発足時にあった。非常の決意をもって乗りこんだ陸軍の要求を、そのまま認めてしまったことだ。何故か陸軍と渡り合うことを避け、政治介入を許したのであった。その意味で軍部内閣と言われても仕方あるまい。

三、近衛内閣の外務大臣

中国政策の転換

昭和十二年一月二十三日、広田内閣は総辞職した。大命は待望久しき宇垣一成に降ったが、陸軍の巨大な政治介入によって、断念せざるを得なかった。宇垣は陸軍に裏切られたのであった。翌年の春になって、宇垣は外務大臣に起用されている。この時は陸軍の反対はない。総理は駄目で外相はよいというわけだが、この違いがはっきりしない。陸軍が宇垣内閣阻止に動いた真の理由は、まだまだ解明されるべき点がありそうである。総理となったのは、陸軍の一部が担ぎ出した林銑十郎であった。引退したばかりの陸軍大将であったが、何故この人物が出てきたのか、一種の超然内閣と言ってよい。陸相を務めた林であるから、軍人としては優秀であったろう。しかし政治力となると宇垣には遠く及ばず、誰かが操縦しているのではあるまいかと思われた。演出者は石原莞爾である。

昭和十二年二月のこの政変を機に、参謀本部は重要な路線変更を行った。前月、参謀本部はすでに「帝国外交方針改正意見」と「対支実行策改正意見」をまとめている。前者は、日本は北支も含めて中国の建設統一運動を援助すべきであるとしている。後者は、これまで日本が採ってきた優越的態度を改めるというものだ。とりわけ注目されるのは、北支が特殊地域だとの考えを清算して、北支五省の独立を醸成するような政策を是正するということであった。この背景には、隣邦中国の新しい情勢変化があった。前年暮れに西安事件が起こり、仇敵の間柄であった国民党と共産党は表面的には和解した。第二次国共合作の始まりである。両党は協力して新中国建設に乗り出すと共に、主敵を日本に向けたのであった。これに対処するには、一大転換を軍自らが行う責任があるという結論であった。四月になって、外務、大蔵、陸軍、海軍の四省は対支実行策を決定した。北支については次の通りとなっている。

「北支の分治を図り若しくは支那の内政を紊す虞あるが如き政治工作は之を行はず、以て内外の疑惑竝に支那の対日不安感の解消に努むると共に、支那側をして進むで経済資源の開発、交通の発達、文化的関係の向上等に協力せしむる如く指導するものとする」

相変らず〝指導〟という言葉が出てくるのは優越感の表われであるが、裏工作はやらないとしたのはまさに転換である。これは林内閣の政策であり、昭和十年来進めてきた軍による政治工作の放棄を宣言したわけであった。

一連の路線転換の主導者が、参謀本部作戦課長の石原莞爾大佐であった。統帥の中枢たる作戦課長が、中国政策に口を出すことは政治介入との批判も起きようが、石原の強烈な個性はそうした常識を突破していた。石原の独創は満洲事変で遺憾なく発揮されたが、その考えのひとつは東亜連盟であった。百八十度の路線転換も、中国を東亜連盟の一員とするためであった。石原は昭和八年六月に著わした、「軍事上より見たる皇国の国策竝国防計画要綱」のなかでこう述べている。

「現今の急務は先東亜連盟の核心たる日満支三国協同の実を挙ぐるにあり」

東亜連盟は、来たるべきアングロサクソン民族との最終決戦に備える基礎であった。昭和十二年三月、石原は作戦課長から作戦部長少将へと昇進する。対支実行策は、最初は陸軍部内の決定事項であったものを、石原の力で政府レベルに押しあげたのである。

石原に加え、外務大臣が佐藤尚武に変わったことも政策転換を促した。佐藤は序章で登場した外務官僚だ。シベリアでは強硬論を吐いた佐藤であったが、日中関係については平等主義の立場を堅持していた。それは石原路線に沿うものであった。佐藤外相は衆議院で次のように演説した。

「私は国民にこういうことを諒解してもらいたいのであります。本当の意味の危機、つまり戦争の勃発という意味の危機、これに日本が直面するのもしないのも、それは日本自体の考え方如何によってきまるということであります」

北支分離工作を進めたのが日本なら、平等の精神で向き合うのも日本である。従来の対中政策を転換することによって、日本の考え方を変えることによって戦争の危機は去るのだということを、佐藤は述べたのであった。外相の発言は、自身の信念を披瀝したものと言えようが、議会の一角から発言取り消しの声が起こった。それは、〃日本自体の考え方如何〃という部分であった。戦争勃発の危機が日本の考え方で決まるというのは、いかにもノン気であるという批判である。日本が戦争を欲しないとしても相手は欲するかもしれない、戦争に訴えざるを得なくなるかもしれない。戦争という国家の大事が、全て日本の意志で決まるわけではないという意見である。確かに聞くべき声であるには違いないが、発言取り消しとは過大であった。硬骨の人佐藤尚武は、とうとうこの要求には応ぜず信念を貫いた。

林内閣の中国政策は、対支実行策という和解政策であった。実務者は足並みがそろっていた。外務大臣は佐藤尚武、参謀本部は石原が握っており、陸軍省は対中友好派の柴山兼四郎が軍務課長であった（軍務課は二・二六事件後設けられたもので内政外交政策を扱う）。三者ともに日中戦うべからずで一致していた。この布陣で臨めば、日中の関係改善が進むものと期待された。ところが林内閣は解散を強行した挙げ句、あっという間に退陣してしまった。その命四ヶ月というのは、第三次桂内閣と並ぶ短命内閣である。何のために作ったのかわからない政権であった。これで佐藤はいなくなったが、依然石原と柴山は動かず望みはつないだ。だが冷酷にも歴史は、盧溝橋事件という難物を用意していたのである。総理は林から、いよいよ近衛文麿に移った。広田は、大きな壁が待ち受けていようとは夢にも思わず再び外務大臣を引き受けた。

迷走する広田外相

昭和十二年六月三日、広田の自邸を一人の男が訪れた。名を河原田稼吉という。内務官僚であり林内閣では内相を務めた。天皇の政治顧問というべき内大臣は、河原田の役所時代の先輩である湯浅倉平であったが、湯浅は新政権の構想について俊才の名が高いこの後輩に相談していた。河原田は、広田の同意を取りつけるためにやって来たのである。

「内々にはお聞き及びと思いますが、近衛公も希望されていることから、外務大臣を承諾願います」

新総理の希望であることを強調して河原田は決断を促した。広田は最初は訝る態度を採る。

「外務大臣は民政党の永井柳太郎さんと聞いています。永井さんは雄弁家だし政治の表裏にも通じて適任でしょう」

広田には、すでに西園寺元老の秘書である原田熊雄から意が伝えられていた。だから河原田は気に止めず話を進めた。

「永井さんは湯浅内大臣が反対しておられます。外交は専門家でないと務まりません。先生にご奮発願うより仕方がないのです」

広田は尚ももったいぶった。

「私のやり方と近衛公のやり方が食い違うようじゃあ、かえって公爵にご迷惑をかけます」

「近衛内閣の政策についてはは入念な準備ができております。この河原田が調整役ですのでご安心を」

広田は、このようにして二度目の外務大臣を引き受けた。食い違いがあったとすれば、河原田が調整役にはならなかったことである。〝調整役〟とは、内閣書記官長に就任することであったが実現せず、新聞人である風見章がその椅子に座った。六月四日、第一次近衛内閣は国民歓呼の声に迎えられて船出した。

七月六日夕刻のことである。所は中国北京の今井武夫少佐のもとへ、中国側より連絡がもたらされた。相手側が誰であったのかははっきりしていない。中味は、盧溝橋で両軍が衝突したので双方ともに手を引くようにしたいという。今井少佐は陸軍武官であったため事実確認に走った。幸いにも両軍衝突の事実はなかったのだが、この連絡とは予告ともなったのである。衝突は翌日に起った。七日夜から八日未明にかけて、北京の西郊を流れる永定河にかかる盧溝橋附近で、夜間演習を行っていた日本軍一個中隊に二度の実弾射撃が加えられた。演習であるから実弾は使われず、しかも相手側（冀察政務委員会）に通告済みであった。日本軍としては予定の演習であったわけだが、中国側はどうみていたか、当時の盧溝橋の守備隊長は、新中国建設後に共産党入りする金振中という男であった。後に金はこの時を回想して、日本軍が陣地の百メートル以内に入ってきたら発砲せよと命じたことを明らかにしている（『中央公論』昭和六十二年十二月号）。守備隊は、「死すとも亡国奴にはならず」を合言葉に、全員が抗日精神に燃えていたという。演習は空包であったが、時折り機関銃音がしたり照明弾もあったようだ。夜間であるから、正確に陣地前百メートルといっても判じ難い。実弾射撃は、日本軍の演習を警戒していた金振中指揮下の兵が、思わず引き金を引いたというのが筆者の見方である。この七月七日から八日の衝突を称して盧溝橋事件という。北京特務機関の松井太久郎機関長と、中国側第二十九軍代表張自忠は直ちに停戦交渉に入った。

七月十一日朝、広田は別荘のある鵠沼から東京駅に降り立った。公用車に乗ろうとすると、ドアに先客がいる。

「なんだ石射君か。盧溝橋のことだったら現地で交渉が進んでいる。我々の出番はないぞ」

東亜局長の石射猪太郎は省内一の硬骨漢であり、軍部を押さえることのできる存在であった。

「実は今日の閣議に、陸軍より三個師団の動員令が上程されることになりました。交渉の進行中に動員が決まれば事態は悪化します。ぜひとも動員令は葬りさっていただきたいのです」

同じ頃、参謀本部の石原第一部長が近衛総理の私邸を訪問し次のように要請した。

「陸軍省の出す案には絶対乗らないでください。今支那と戦う理由はありません」

これには近衛も驚いたというが、路線転換をした参謀本部の主人として危惧を抱いたのであろう。ところが午後開かれた臨時閣議では、陸軍大臣杉山元が出した三個師団派遣の動員準備が決まってしまう。広田は閣議の席上発言を求め、この準備は相手側が停戦条項を受け入れた場合は中止するという確認を行った。この直後、現地から停戦協定成立の報告が入ったため準備作業は延期となった。石射にしてみれば、準備とはいっても広田が賛成したことは不満だったに違いない。

近衛は一片の停戦協定に全幅の信頼を置いていなかった。というのは十一日の合意以後も、盧溝橋周辺で衝突が起き日本兵が死亡していたからである。十六日夜、近衛総理は外相の広田を官邸に招いた。書記官長の風見章が同席した。単刀直入に総理は切り出した。

「南京に行っていただけませんか。外交当局の直接交渉で根本的解決を図りたいのです」

広田は即答しなかった。

「それは破天荒ですが、軍部がどう言いますかな」

「ご安心ください。杉山陸軍大臣も米内海軍大臣も了解しておられます」と風見。

「今そういうことをしてもどうでしょうか。私からは賛成とも反対とも申しあげにくい。事態がどう動くかもわかりません」

奇妙なもの言いであった。行くとも行かぬとも言わない広田の態度に近衛はサジを投げた。広田は心中みずからの訪中には反対であったのだろう。そうならば、はっきり反対と言い何か対案を出すべきである。外務大臣として不適切なこの態度は、翌日になって軍部への追従となって表われたのだ。

十七日、五相会議が開かれた。広田、杉山、米内と、大蔵大臣の賀屋興宣、内務大臣の馬場鍈一が顔をそろえた。議題は停戦協定をどうやって実行に移すかであった。外務省では事前に陸海軍の同意をとりつけ、日本が先ず協定を実行するという声明を発表することにしていた。五相会議で正式決定する運びになっており、つまり会議の主導権は外務大臣の広田にあったのである。近衛内閣は、この時までは不拡大路線を捨ててはいなかったと言えよう。ところが会議に入ると、杉山元陸軍大臣は新たな提案をした。

「どうも現地では中国の挑発行為が絶えません。我が方ではなく、先ず相手側の実行が先決です。ともかく支那人には何度もやられてますからなあ」

停戦協定の最も重要な項目は、盧溝橋附近からの双方の兵力撤退であった。これは往々にして、相手側に先に実行を迫りがちである。それを日本が先ず実行すると宣言しようとした。しかし杉山は、反対に中国が先に撤退しろと言ったのだ。尚も陸相は続けた。

「支那側に対しては、十九日という期限を通告したい。これは未確認ですが、南京の中央軍が河北省の石家荘に北上中という情報があります。ぐずぐずしてはおれません」

杉山は停戦協定を確実にするために提案したのだが、外務省案とはまるっきり逆であった。問題はこの時の広田の発言である。陸軍大臣の提案に同意しているのである。期限である十九日、中国側から回答が届いた。蔣介石は盧山の会議で、「万一避くべからざる最後関頭にいたったならば、我々は当然ただ犠牲あるだけであり抗戦あるのみである」と演説した。相手に一方的に撤退を求める五相会議の決定は、中国の徹底した抗戦表明となったわけである。不拡大の根回し役である石射猪太郎は、自身の日記で次のようにぶちまけている。

「今度の様な馬鹿げた北支事変にまき込まれ様とは是又夢思はなかった。而して又広田外務大臣がこれ程御都合主義な、無定見な人物であるとは思はなかった。所謂非常時日本、殊に今度の様な事変に、彼の如きを外務大臣に頂いたのは日本の不幸であるとつくづく思ふのである」

七月末、現地日本軍は武力で中国軍を撤退させた。ここまでを北支事変と称するが、一応事変は終わったはずだった。

八月九日、舞台は国際都市上海に移る。この日、海軍陸戦隊の西部派遣隊長大山中尉は、斎藤一等水兵運転の軍用車で市内を巡回していた。車は虹橋飛行場附近を通ったが、ここで中国兵から射撃を受け二人は死亡した（中国兵一名も死亡）。双方で原因究明が行われたが、日本側は突然銃撃を受けたと主張したのに対し、中国側は日本軍用車が制止を聞かず虹橋飛行場に入ろうとしたため撃ち合いになったのだという。満洲事変の翌年、昭和七年にも同じような騒動が起こった。日本人僧侶の殺害をきっかけに、日中の武力衝突に発展したのだが、今回は海軍将校が殺されたという重みがあった。中国側はいささかの反省の色はなく、かえって抗戦意欲を明確にした。日本海軍陸戦隊の周囲には強大な中国軍が集結していた。彼らは次第に陸戦隊を包囲するように接近してきた。しかも昭和七年の武力衝突の後に決められた非武装地帯を無視し、勝手に陣地を構築し始めた。十二日、中国軍は陸戦隊本部からわずか百五十メートルのところまで近接してきた。これでは衝突しない方がおかしい。

上海の緊迫した情勢は東京に伝えられ、近衛総理は十二日に陸海両相、それに広田を呼んで対策会議を開いた。先ず口を開いたのは海軍大臣米内光政である。

「今の陸戦隊の兵力では弱い。早急に国内より二個師団の派遣を決めていただきたい」

陸軍大臣杉山元は消極的であった。

「米内さん、お気持ちはわかりますが上海に陸軍を送るとまちがいなく戦火は拡大しますぞ。ここは世界に名高い陸戦隊に防備を固めてもらって、外交交渉を進めるのが得策と思います」

「外務大臣、南京側との接触は始めていますか」と近衛は広田に質ねた。

「川越大使には明日電報を打ち、衝突を回避するよう命ずる積もりです。また許世英大使にも連絡をつけてあります」

米内は再び強調した。

「上海居留民の保護責任は陸戦隊が負っておるのです。この席で決めるべきは兵力の派遣です。邦人保護には外務大臣もご異存あるまい」

近衛の目は広田に注がれた。広田の一言は重要であったが、その口からは言葉は発せられなかった。近衛内閣は翌日の閣議で内地二個師団の派遣を決定、呼応するかのように中国軍の陸戦隊への攻撃が始まった。十四日には中国の爆撃機が陸戦隊本部を爆撃し、十五日は日本海軍機が南京を爆撃するというように新たな事態が現出した。広田は盧溝橋の時には陸軍に協力し、上海の時には海軍の言う通りとなって自主性を出せなかった。ここは何としても兵力派遣を止め、交渉に徹するべきではなかったか。石射猪太郎はこう酷評する。

「広田外相は時局に対する定見も政策もなく全く其日暮らし、イクラ策を説いても、それが自分の責任になりそうだとなるとニゲを張る」
広田は迷走し始めていたと言うべきか。

戦いの本質を見抜いた辻政信の観察

近衛内閣は、八月十五日に南京政府に対し「断固たる措置をとる」との声明をだした。十七日には、これまで維持してきた不拡大方針の放棄も公にした。中国軍の先制攻撃で始まったこの衝突を、第二次上海事変と呼んでいる。第一次は昭和七年の一月であった。一次の時は満洲事変から世界の耳目をそらすための謀略が発端とされているが、この時は絶妙な作戦指導もあって三月初めには停戦した。八月十五日の声明には、「支那軍の暴戻を膺懲」という表現が使われている。その後も長く使われる、〝暴支膺懲〟である。日本は相手の無礼を懲らしめているのであって、戦争ではないのだという気持ちであろう。だからこの時も、蔣介石が折れてくれば早期に兵を収めたかもしれない。上海陸戦隊を救うべく陸軍は戦場に向かったが、中国軍の頑強な抵抗にぶつかた。九月はじめになって、近衛内閣は一連の事態を支那事変と命名した。日中戦争の始まりである。

ここで戦争初期の戦場に眼を移したい。戦火は初め、上海の攻防戦と山西省での山岳戦が中心であった。山西省に進んだのが広島第五師団（板垣征四郎師団長）であり、辻政信大尉が派遣参謀として太原攻略作戦にあたった。後にノモンハンやガダルカナルでも登場する辻は、こ

第二次上海事変

の時の体験を基に「極秘、所見及教訓」という記録を残している。辻にとっては、昭和七年の第一次上海事変以来の戦場であった。冒頭にはこう記されている。

「本所見ハ今次事変ニ一幕僚トシテ参加シ、全期間主トシテ第五師団ノ作戦ニ従ヒテ痛感セル所ヲ断片的ニ蒐録シタルモノナリ」

断片的とはしているものの、実に適格な分析を行っており興味深い。その〝痛感セル所〟とは、敵中国軍に対する認識の誤りとして綴られている。第五師団初期の戦闘として知られたものが、九月二十二日から一週間続いた平型関口の戦闘であった。板垣師団の前に現れたのが、八路軍一一五師（林彪指揮）である。辻が見た敵はどのようなものだったか。

日本軍は夜襲によって平型関口の一要地を占拠した。たちまち敵は次のような行動に出た。
「爾後敵ハ数次ニ亘リ夜襲ヲ強行シ、手榴弾ヲ以テ我守兵ヲ殆ト全滅セシメテ之ヲ奪回セリ、翌日我ハ砲兵射撃ノ支援ヲ以テ更ニ之ヲ奪回スルヤ敵ハ其夜再度逆襲ヲ以テ之ヲ奪回シ、斯クシテ彼我争奪ヲ繰返スコト四回、山上ノ散兵壕ハ彼我ノ屍体ヲ以テ埋メラルルニ至レリ」

特に辻を驚かせたのが旺盛な敵の夜襲であった。これは想像の外であったと書いている。九月二十五日午前、日本軍のトラックと輜重隊が平型関口の後方隘路を通過していた。道幅は狭く両側は高さ十メートルから十五メートルの断崖であり、隘路はおよそ三百メートル続いていた。袋のネズミと化した部隊に向かって、林彪の兵は航空機まで繰り出して襲いかかった。地形もさることながら、日本軍が戦闘部隊でなかったことも災いしたと言えよう。日本軍は逃げるに逃げられず、生存者五名のみで壊滅した。この戦闘は局地的なものであったが、中国側は平型関口の大勝利として大いに戦意を揚げる宣伝となった。

中国兵の精強ぶりは、第一次上海事変ですでに経験していたはずだった。だがこの時は短時間で終わり、その後五年間は本格的な交戦がなかったことで、相手を軽くみていたことは事実だった。辻は率直に相手の頑強ぶりに驚いたのだが、その眼は中国兵にばかり向けられていない。
「十六、十七歳以上ノ青年ハ尽ク銃ヲ執リ、婦人及小学生ハ食糧、弾薬ヲ運搬シ全村ヲ挙ケ民、兵一体我軍ノ突撃ヲ阻止セリ」

それは信じられない光景だったに違いない。国内戦というものを経験していない日本にとって、驚き以外の何物でもなかった。銃砲弾飛び交う幕舎で辻は書いた。

「恐ラク日本軍以外何国ノ軍隊ヲ以テシテモ現支那軍ニ対シ支那ヲ戦場トシテ勝チ得ルモノハナカルヘク、恐ラク支那兵ハ其頑強サニ於テ其困苦欠乏ニ堪フル点ニ於テ、特ニ死ニ対スル諦メノ点ニ於テ我軍ニ優ルトモ劣ラサルノ実績ヲ示シタルモノト謂フヘク、今後五年ヲ経過シテ日支ノ衝突ヲ惹起シタリト仮定センカ、我全国力ヲ賭スルモ尚困難ナル状況ヲ呈スルニ至リシナラント判断ス」

　素直に相手の実力を認めた辻は、早くもこの戦いの本質を見抜いている。

「血ヲ流シ骨ヲ曝シツツ追撃シタル我後方ハ直チニ共産党軍（毛沢東）ニヨリテ攪乱セラレアルノ実状ヲ見ルトキ何ノ為ノ聖戦ナリヤヲ痛嘆セサル能ハス、皇軍ニ跟随スル宣撫ニ関シテモ宛モ対岸ノ火災ヲ視ルカ如キ実状ニアリ」

　日清戦争以来の経験で現在の中国軍を見ていたことは、事変初期の作戦指導を失敗させたと辻は結論付けている。実にこのような状態であったからこそ、どこかの時点で手を打たなければならなかった。十一月初め、日本軍の抗州湾上陸が行われ、上海の中国軍は総崩れとなった。この時、第三国を仲介とした和平交渉が始まった。

外務大臣広田の暴走

上海戦線が膠着状態だった十月、広田は東京の各国大使に和平への橋渡しを依頼した。イギリスのクレーギー大使やアメリカのグルー大使と並んで、ドイツのディルクセン大使の名があった。広田は決して早急な意向を表明したわけではなかったが、ディルクセンは本国に宛てて、日本が和平への希望を持っておりドイツないしイタリアの仲介が望ましいと考えていると報告した。これは直ちに中華ドイツ大使のトラウトマンにも伝えられ、トラウトマン大使は蔣介石に接触して腹の内を探る。ドイツが日本を助けようと動いたのは、広田の外務省の他にもひとつの強い働きかけがあったからである。作戦を立案指導している参謀本部そのものが、和平に積極的であったのだ。参謀本部内をみれば、拡大派の作戦課（武藤章課長）と不拡大派の戦争指導課（河辺虎四郎課長）の対立があったが、その上に立つ石原莞爾は和平をまとめようとしていた。石原はドイツ大使館のオットー武官と連絡を取り、部下を上海に向わせて斡旋を頼んでいたのだ。この両者の工作がトラウトマン大使のもとで合流し、広田へ情報がもたらされた。蔣介石は日本側の停戦条件を知りたいという。ここから、トラウトマン工作が始まるのである。

広田がディルクセン大使に和平条項を提示したのは、十一月二日のことであった。それは七項目から成っていたが、重点は北京天津と上海に新たに非武装地帯を設けるという内容であった。ここには賠償という要求はなかった。ただ広田はディルクセンに次のように述べた。「戦争が続いた場合、それは日本の完全な勝利まで戦われることになり、その際には条件はより厳しくなるだろう」と。東京からの連絡を受けたトラウトマン大使は、蔣介石総司令官と孔祥熙行政院副院長に日本提案を伝えた。蔣は、「原状が回復されないうちは受け入れられない」と拒絶する。原状回復とは日中交戦前の状態であり、それには日本軍の戦線からの撤兵が必要であった。中国側は具体的には言及しなかったが、非武装地帯設定の条件となる日本軍の撤兵について、何ら触れていないではないかという考えであったろう。この時点では、和平交渉には勝者も敗者もないという立場で臨むというわけである。広田も基本的には同じ考えであったと思われる。この直後の五日、上海戦線にようやく転機が訪れた。日本軍の抗州湾上陸だ。

〝皇軍百万抗州湾に上陸す〟という派手なキャッチフレーズや、火野葦平の『土と兵隊』で知られたこの作戦の成功で、上海周辺の中国軍は一挙に敗走し始めた。日本軍は勢いに乗って追撃に追撃を重ね、結局十二月の南京陥落までゆくことになる。ここで重要なことが見過ごされている。南京前に追撃をやめて、停戦にもちこめなかったのかという反省だ。昭和七年には、同じ上海で短期に停戦を実現させているのにだ。形勢が好転して、それまで和平に熱心であった参謀本部が強気になったのであろうか。実はそんなことはない。日本軍が南京に向かって歩を進めつつあった十一月二十一日、参謀本部第二課（戦争指導課）は対支那中央政権方策なるものをまとめ次のように言っている。

「現中央政権が一地方政権たるの実に堕せざる以前に於て、長期持久の決心に陥ることなく其面子を保持して媾和に移行する如く、我諸般の措置を講ずるを要するものとす」

日本が勢いに乗じたこの時点でも、尚作戦用兵の大本山は早期講和を望んでいたのだ。問題は、では参謀本部はどうして兵の動きを止めなかったのかということである。追撃に走る前線部隊を押えるのはむずかしい。しかしある地点を示して、そこで軍の行動を停止するという作戦は可能だったはずだ。でも動きはなかった。何故か。軍人よりも文官勢力、つまり政府の方が強気だったからである。近衛内閣は、すでに八月に不拡大方針を放棄している。だから政府が強硬になるのは当然なのだが、これは和平の機会を遅らせる方向に動いてゆく。

十二月七日、広田はドイツ大使館にディルクセン大使を訪ねた。大使は閣下に確認を求めたいとして口を開いた。

「トラウトマン大使より、ドイツの調停を受け入れる旨の南京政府の返事が届きました。念を押しますが、これは貴国の和平条項を相手が受けたということではありません。我が国の調停はこれからです。そこで閣下にお尋ねですが、十一月二日の条項はまだ有効でありましょうか」

広田の答えには前回にないものが含まれていた。

「我が軍は南京に向かって追撃中であり、まもなく事変は終わるでしょう。情勢がこのように変わった以上、元のままにはいかないことは前回申しあげました。たとえば華北で何らかの権益を要求するのは当然と思います」

同日広田は、近衛総理に陸海軍大臣を加えて、改めて和平について協議を行った。冒頭広田は強硬論を吐いて音頭を取った。「犠牲を多く出しているのだから、最初のような軽い条件ではとても駄目だ」というわけである。協議では損害賠償を要求するという項目を入れて、ドイツの調停に依頼することになった。この賠償とは、中国内での日本の施設工場の被害に限るものであり、敗者が支払う賠償という意味ではない。四相会議では、この程度は当然として決定したのだが、参謀本部からは強い批判が出た。

「広田外相の強硬論は何ぞや。自らの失態を蔣介石に転嫁するものか。同大臣が実情を知りて之に和せしとせば罪深し」（参謀本部戦争指導課、堀場一雄少佐）

十二月十四日、政府大本営連絡会議が開かれた（大本営は十一月二十日に設置）。前日十三日、ついに南京が陥落し日本中が万歳の声にあふれていた。誰もがこれで戦争は終わったと思った。会議は、こうした市中の興奮を敏感に反映して進められた。末次信正内相、賀屋興宣蔵相から、中国側へ追加条項を出すべきとの声が出た。早期和平論者であるはずの多田駿参謀次長ですら、和平条項については再考を求めた。会議で出された重要な点は、七日の四相会議で決まった損害賠償の意味が変わったことである。単に賠償とされたことで、これは明らかに敗者が払う戦費賠償の意味となったのである。北京では、現地軍の工作であったが、中華民国臨時政府（王克敏）なるものが成立していた。和平条件を出そうとする時に、当の相手の分裂工作を行ったわけである。降参を強いる行為とも言える。この会議で広田は発言しなかった。トラウトマン大使に託す和平案は次の四つであった。

一、中国は容共抗日政策を放棄し、防共政策に協力すること。
二、所要地域に非武装地帯を設けること。
三、日満支三国間に経済協定を結ぶこと。
四、中国は所要の賠償を為すこと。
回答期限は翌年一月十五日とされた。

昭和十三年が明けて十四日の午後四時半、東京のドイツ大使館から広田に電話が入った。中国側からの回答が伝えられたが、四条件について再度詳細を知りたいという返事であった。翌一月十五日、この中国側の意志表明をめぐって政府大本営会議が開かれた。近衛総理から広田に対し、果たして中国の真意は何であるのかと質問が出た。広田の答え。

「今になって詳細を知りたいとは、誠意がない証拠です。相手には十分説明をしている。徒らに時間を引き延ばしているだけです」

「それでは回答期限は本日でもありますし、ドイツの調停は一旦打ち切ることでよろしいですな」と、近衛は出席者一同を見回した。この時、一人の軍人が決然と起って言い放った。

「返事が一日や二日遅れてもよいではありませんか。我々としては今が和平の好機と確信しています」

参謀本部次長の多田駿であった。この発言を機に十五日の長い論争が始まった。

多田は静かに力強く続けた。

「盧溝橋以来すでに半年、南京陥落で峠は越えました。我々はこんな戦争をのんべんだらりと何時までもやるわけにはいきません。政府の方で即終結していただきたい」

広田はこれに応じた。

「和平に乗り出すといっても、国民政府には誠意がみられません。誠意がない相手を待つわけにはいきません」

多田は反論する。

「今この機会を逸すれば長期戦になりますぞ。それは国力の低下を招き、ソ連に対する防衛力を弱めることになります」

ここで広田は俄然雄弁となった。

「長期戦と言われたがまさにその通り、最早長期戦に移行するのです。相手が敗者として腰を折るまで、どこまでも対抗していかねばならない。これまでの我が輩の外交経験から、国民政府には和平解決の意志がないと言わねばならない。参謀次長はぜひ外務大臣にお任せ願いたい」

広田の言は会議を圧した。陸海軍の両大臣も広田に賛成した。特に米内海軍大臣は、「参謀本部が外務大臣を信用せぬとなれば、政府は辞職の他なし」と多田に圧力をかけた。これは暴言である。参謀本部は政府の一角ではないが、政府側との調整のために連絡会議を設けているのである。それを一方的に外務大臣を信用しろというのであれば、会議の意味がなくなることになる。海軍軍令部からは古賀峯一次長が出ていたが、終始無言であったのは奇妙であった。かくして多田は孤立無援となった。

夜になって近衛総理は、広田の意見に賛成しトラウトマン工作を打ち切ると会議で宣言した。そして、広田は前年暮れの政府大本営連絡会議で、和平条件に戦費賠償を入れることを容認した。そして、中国側からの回答がないとみるや、率先して和平仲介の破棄を主張したのである。一体広田は、和平の見通しをどう考えていたのか。どうやらはっきりした展望はなかったようだ。それは内閣がまとめた「講和問題に関する所信」に表われている。昭和十三年一月初め頃に書かれているが、近衛内閣の基本方針とも言える。

「速に局を結ぶことは元より望ましき事なれども、中途半端の解決をなして局を結び、一両年を出でずして再今回の事変を繰り返すが如きことありては、昨年来の大犠牲を全く無意義に終らしむるものにて、姑息なる妥協は極力排すべきものと考へ居れり」

この内容からは、相手が真に屈伏するまで戦いは続けるという方針が読み取れる。力の限界という認識はない。そして次の記述には驚く。

「政府側としては、独逸大使を通じての今回の交渉に対しても必ずしも衷心より賛成するに非ず。只軍部側の切なる希望もあり且今回提示せる要求は、我最小限度の要求なりとの了解の下に賛成したるなり」

「謂はゞもう一押しと云ふ所なり」

トラウトマン工作を進めているのは、政府、つまり外務省である。外務大臣の広田は、〝必ずしも衷心より賛成するに非ず〟だったのだろうか。そうとすれば中途半端な気持ちで交渉を進めていたことになるが、広田の実際の行動が強硬論に傾いていったのをみれば、外交よりも軍事を重視していたことになろう。〝もう一押し〟とは、どう押すのだろうか。和平条件はすでに提示しており、受諾させるためには軍事攻勢も辞さずという意味であろう。広田がこの文書にどう関与したか明らかでない。けれど広田はこの所信に沿って、一月十五日の会議を取りまとめたと言える。

多田参謀次長はあきらめなかった。和平派の高島辰彦中佐、堀場一雄少佐の進言を入れて、参謀本部の持つ奥の手を出すことにした。天皇に上奏するという、帷幄上奏の手続きを取ったのである。参謀本部は大元帥天皇陛下と結びついている。天皇が和平に理解を持っているところから、直接意見を提出し政策転換を期そうというわけである。起死回生を狙った参謀本部の必死の努力であったが、何故か上奏手続きで阻まれてしまう。尚もと食い下がる参謀本部の動きを知ってか知らずか、近衛内閣は翌十六日、「国民政府を対手とせず」声明を出した。いかにも早急な、かつ奇妙な声明であった。「国民政府を相手に戦っているのに、対手としないと言われてはやる気をなくす」と、前線の将兵は嘆いたという。

日中の和平工作はこの後も幾度も行われた。その多くは第三国を介さない二国間の話し合いであった（終戦直前にスチュアート工作があった）。実現性から考えて、結局はこのトラウトマンを介する交渉が唯一のものであったのである。歴史の正しい判断は、なかなか瞬間では下すことがむずかしい。だからせねばならないことは、しっかりとした方針に立って将来を見通すことだ。とりわけ政治家には求められる。広田はこの点が至らず、もう一押しに向かって暴走してしまったのである。ついに何とか成るとみたであろう和平は、昭和二十年八月十五日まで来なかった。昭和十三年五月、広田弘毅は外務大臣を辞任し公人としての役割を終えた。

※極東国際軍事裁判で広田は極刑となったが、本章で述べたことが刑に結びついたとは思わない。広田は犯罪を犯したわけではない。あの裁判は独特の論理で行われた。

第三章　麻生　久 ——夢を見た革命論者

社会大衆党安部磯雄党首襲撃の狙い

昭和十三年三月三日の朝、東京牛込区の同潤会江戸川アパートでその事件は起きた。二人の右翼青年が、四階の部屋に住む主人をステッキで殴り逃走した。取るに足らぬと思われた出来事だったが、被害者が堂々たる政党の党首であったことから、警察は素早く犯人検挙に動き始めた。この主人とは、帝国議会に三十七議席を持つ、社会大衆党の委員長安部磯雄であったからである。党の機関紙「社会大衆新聞」は、早速号外を出して状況を伝えている。

「暴漢！登院直前の安部党首を襲撃す、卑劣にも訪客を装ひ不意打ち！

暴漢は二人連れで、ドアをノックし、何時もの通り気軽に出て来た我が老党首を物をも言はずいきなりあかざのステッキで殴りつけた。ステッキはそのはずみにポッキリ二つに折れた。暴漢はそのまゝ後をも見ずに雲を霞と逃走してしまった。安部先生の傷は前額部に三センチの打撲傷、上唇に軽微な裂傷を負っただけで、全治二週間といふ診断、老齢にも拘はらず意気甚だ軒昂たるものがあり、急を聞いて議会から駆けつけた麻生書記長と固き握手を交し、斯ういふことがあるかも知れぬとは予ねてから覚悟して居りましたが、何も言はずにいきなり暴力を振ふとは卑怯です。武士道を弁へぬものです。意見は違っても話しは堂々としたらよい。しかし曇り後晴れ、といふこともありますから、これからはよくなるでせう。

麻生　久

平生に少しも変らぬ態度であった」（三月五日、社会大衆新聞号外）

暴漢二人は一息入れたあと、東京市内の別の場所に向かった。行き先は、書記長である麻生久の自宅であった。社会大衆党は、昭和七年に労働者政党同士が結び合って誕生したが、その実質的なリーダーこそ麻生と言ってよい。戦後の民社党代議士であった麻生良方の父君である。二人が麻生の家に着いた時、ふだんは見かけない幾人かの巡査が周囲を固めていた。安部委員長襲撃が知れたと覚った二人は、遠目から自宅回りを何度もうかがった。もし麻生の家が、屋敷と呼ばれるものに相応しい広さであったなら、どこか入り込めるスキがあったかもしれない。しかし労働者代表の政治家らしく、ふつうの勤め人の住宅と変わりはなかった。あきらめた二人はアジトに帰り、待っていた男に報告した。

「兄貴、安部の爺さんはやりましたが麻生の方はしくじりました」

安部磯雄襲撃を報じる新聞記事（法政大学大原社会問題研究所提供）

兄貴と呼ばれた男、名を万年東一という。

万年は、愚連隊の元祖として今日知れ渡っている。愚連隊は、伝統的な博徒、的屋とは性格を異にしている。簡単に言えば、古い制度から脱却した新しい発想の不良集団である。戦後の暴力団で勢力を伸ばしたのは、博徒や的屋の流れを受けながらも、こうした旧弊を打破したグループであったと言えよう。万年東一はそうした新興勢力の顔として、長く業界に重きをなすことになる。この顔役は二冊の自叙伝めいた本を書いているが、安部磯雄襲撃については一行も触れていない。この無頼紳士が辿った長いケンカ道中では、記するに値するものではなかったのであろう。後日万年ら実行犯は逮捕されるが、ひとつ奇怪な話が伝わっている。時の警視総監が、安部襲撃の元締めだったということだ。この時の警視総監とは、安部源基（終戦時の鈴木貫太郎内閣の内務大臣）である。この安部総監が、万年らに社会大衆党首脳を襲わせたという話である。後に安部はこの事件についてこう語っている。

「私の総監時代に、十三年の二月か三月かに安部磯雄さんをなぐったという事件が起ったですね。人もあろうに、ああいう立派な人を……（笑い）」（安部源基氏談話速記録）

無言の笑いが何を意味するのか、最早わからない。それでは襲った理由は何だったのだろうか。

安部磯雄は新聞記事のなかで、暴行を受けることは覚悟していたと語っている。この発言はこの当時の政治家、ことに一党の党首であれば当然出てきてもおかしくはない。思い起せば明治以来、一体幾人の政治家が凶刃に倒れ傷ついたことであろう。政治家には常に命の危険が伴っていた。表現や言論の自由が抑制されていた時代では、自然と力による主張が横行することとなる。万年東一の襲撃もそのひとつには違いないが、それにしては中途半端であった。明らかに暗殺を目的としたものではなく、気にくわないので一発御見舞したという程度である。何が気にくわなかったのか。取り調べで浮かんできたのは、社会大衆党の偽装ということであった。

社会大衆党は、労働者や農民を支持基盤とする無産政党である。議会で多数を占めることによって、社会主義の実現を目指す政党でもある。だから基本的にブルジョワ層の上に成り立つ政府とは対立すべきなのに、積極的に政府に協力した。近衛内閣になってからは、麻生と近衛の関係が深まり与党の立場をはっきりさせた。しかし依然として社会主義の看板を降ろしたわけではない。この点が、社会大衆党は社会主義が目標であり、国策に協力しているのは一時的な〝偽装〟だという声が挙がった理由である。次にかかげるのは、警視庁特高第一課の社会大衆党担当者が述べた報告である。

「社大党はイデオロギー的な新興政党ですが、元来社会主義の立場に立って居ったが、満洲事変以来転向に転向を重ねて、一時はファッショ化したとまで云はれたので、彼等首脳者の意中を直接若くは間接に内偵視察すると、イデオロギー的には二十年来の主張を活かすと云って居る。それで現在でも社会主義的に改革して行かねばならぬといふ考え方はやはりあるのであります。只、国策の線に添って革新運動に便乗するといふ形でその目的を達するといふ方向に内心考へて居るんじゃないかと思はれる節が非常に多い。現在の党のイデオロギーは、大体に於いて全体主義を型取っている。大体それが支配的ぢゃないかと思へられる。満洲事変以来、国内革新といふものをいって居るが、今やこれは国民的世論だ。その世論に準じて政府も施政方針を立て、我々はその国策に順応して行くものだと云って居ります。それにはどうしても既成政党の政策ではいけない。我々の政策でなければならない」（『季刊現代史』第七号）

国策に順応していくとしても社会主義的に改革していく―これが社会大衆党の本音であったろう。戦略目標は社会主義、戦術手段は国粋主義というわけである。この点を看取した人間は、社会大衆党は仮面をかぶっているとみた。安部の予想は、仮面を突かれる時が来ると感じたのであろう。しかし麻生の考えは、決して偽装でも仮面でもなかった。国策への協力と社会主義の実現、一見相矛盾する二つの目標は、麻生にとっては合一するはずであった。麻生は困難な時代状況のなかで、自己の理想を実現すべく突進してゆく。そして最後に選択した戦術とは、どのようなものだったのだろうか。

一、無産階級の旗手

労働運動への突入

東京は上野の西隣、根津権現裏と聞いてニヤリとする御仁は最早いないはずだ。では、浅草寺裏や向島寺島町と言われれば、ああそこかと目を細める人は居られよう。浅草寺の裏、北側の方には江戸時代以来の吉原遊郭があり、向島寺島町には戦後になって鳩の街と呼ばれた赤線があった。永井荷風が『濹東綺譚』で描いた玉の井も、戦前からこの町に在った遊郭だ。遊郭も赤線も同じことを意味するが、〝赤線〟とは、戦後になって警察が該当区域を赤く地図上で区切ったことによるらしい。これ以外は無許可営業ということになり、青線という俗称が生まれた。吉原や鳩の街、玉の井などは、昭和三十三年三月三十一日まで存在したわけだから、経験者はまだ大勢居られようというわけだ。けれど、根津にも斯様な場所が在ったことを知る人は少ない。根津遊郭は明治二十年代初めまで存在した。しかし東京帝国大学が正式発足するのに伴い、最高学府の近在に遊郭は不釣り合いという、如何にも役人思考の果てに移転となった。引っ越し先は、ここもつとに知られた江東の洲崎である（紙芝居作家の加太こうじによれば、玉の井は遊郭ではなく銘酒屋ということになっている)。

売春防止法施行による実話をひとつ紹介しておこう。筆者の知人である放送業界ＯＢの某氏は、その最後の日を福岡市の柳町に取材した。中州沿いの柳町は、今は町名も消え僅かに柳町市場が残るだけだ。最後の紅燈をともした店先には、あちらでもこちらでも女性達が群がり泣いていたという。氏は、明日からは自由の身になれるうれし泣きと思った。彼女達の感激の声を記録すべくマイクを向けてみると、何と職場がなくなってしまうという落胆の涙だった。つまり失業である。従業員全てがそうだったわけではなかろうが、現実を伝える話と言えよう。

頃は大正七年の秋。

根津権現前の坂を下り、市電通り（現在の不忍通り）を越えた一角に粗末な二階家があった。何の変哲もない家だが、向こう三軒両隣は誰一人知らぬ者はいない。というのは、毎週水曜日になると若い男達の大声が響きわたったからである。四年目に入った第一次大戦は終結に向かっており、青島出兵という最小限の方策に止めた日本は好景気の絶頂にあった。ところが悪徳商人はいるもので、米の売り惜しみをしたことから値段が上がり始めた。この年の夏、富山県魚津町の井戸端会議に発した騒ぎは、ついに米騒動となって全国を席巻した。また八月初め、すったもんだの末に寺内内閣はシベリア出兵を決定した。大正七年九月、原敬の政友会内閣が出来あがった。

二階から流れてくる言葉は、ここいらの住民にはまるで理解できない。アナ、ボル、コミュニストなど、唯ひとつ、〝カクメイ〟だけは聞き憶えがあった。ロシアで大変なことが起こったことは、根津に住む庶民も感じていた。男達のやりとりに耳を傾けてみると次のようになる。

「無政府主義と訳されるアナキズムは、去年十一月のソヴィエトの出現によって意味を失ったと言える。ボルシェビキという革命党が政権を握ったからね。そこで日本だが、ソヴィエト式の革命か、イギリスのように労働党を議会で伸ばしていく方式か、麻生君の考えはどうか」

「議会で多数を取るという悠長なことを言っておられるか。労働者の意見を議会に送るには、何といっても普通選挙が必要だよ。平民宰相と持ち挙げられている原敬、何が平民なものか。あの男は一言も普選実現と公約しておらんじゃないか。棚橋君は議会主義か」

「一挙に革命といってもそれは無理さ。ソヴィエトの中枢はコミュニスト、つまりマルクス以来の共産党だからね。あの思想は日本に根付かない。我が国は天皇制だからな」

「確かにソヴィエト式の革命はむずかしかろう。残る方法としてはだ、ストライキを拡大して社会を変えるサンジカリズムだよ」

　この二人、麻生久と棚橋小虎という。ともに第三高等学校から東京帝国大学法学部に学んだ同窓生であった。水曜会と称して、二十代の青年達が議論に花を咲かせていた。棚橋小虎はこの時検事の卵であったが、次第に労働組合運動に転向してゆくことになる。麻生は東京日日新聞の記者であり、自宅を水曜会に開放していた。明治二十四年生まれの麻生は、多分に文学的才能を持つロマンチストであった。それは必然的に権威への反発となった。自伝的小説『濁流に泳ぐ』には、東大時代をこう書く。

「試験！、点数！、秀才！、実業界！、官吏！。学問が何処にある。人間が何処にある。大学は官吏と実業家の手代の養成所だ。大学は砂漠だ。オアシス一つない砂漠だ」

しかし麻生は、ふつうの凡人学生のように自堕落に陥ることはなかった。机上から離れて社会に眼を向けていった。彼が口にしたサンジカリズムとは、政治活動を否定して経済的直接行動―ゼネストによって資本主義を打倒する方式だ。麻生はサンジカリズムに相当心を奪われ、唯一の社会変革手段と信じていた。二人は議会制民主主義の否定で合意した。麻生はさらに口を開く。

「理論や戦術ばかり話していても前には進まん。ロシアに次いで支那が気になる。僕と同じ大分の生まれで佐野学という男がいる。佐野は満鉄にいたから現地の状況を聞こうではないか」

佐野学とは、日本共産党の指導者となるその人である。当時早稲田大学で講師を務めていた。さらに、慶応を出た労働問題の研究家、野坂鉄という青年も、時折り麻生の家に顔を見せるようになった。野坂鉄こと野坂参三も数奇な運命を辿る共産党人となる。また朝日新聞のベルリン特派員となる岡上守道（ペンネームは黒田礼二）、京都の公家出身の山名義鶴ら、多彩な人物が麻生を中心として日本改造を話し合っていた。

そんな水曜会へ一人の紳士が姿をみせたのは、この年の晩秋十一月のことであった。麻生をはじめ、居合わせた全員が一斉に腰をあげた。

「吉野先生！」

東京帝国大学教授吉野作造は、象牙の塔には見向きもしなかった麻生にとって、唯一とも言える先生であった。この日吉野は、近々ある団体と公開討論をすることになったと告げ、ぜひ東京日日新聞に取材を頼みたいという。事の発端は、大阪朝日新聞の記事であった。寺内正毅内閣の末期には、大新聞はこぞってその保守反動性を攻撃した。大正七年八月二十六日、関西記者大会が開かれた時の様子を伝える記事が載った。

「食卓に就いた来会者の人々は、肉の味、酒の香りに落ちつくことが出来なかった。金甌無欠の誇りを持った我大日本帝国は、今や恐ろしい最後の裁判の日に近づいておるのではなかろうか。『白虹日を貫けり』と昔の人が呟いた不吉な兆が、黙々として肉叉を動かしている人々の間に雷のやうに閃く」（大阪朝日新聞の記事より）

この筆者は、言論人として名を成す長谷川如是閑である。今日この記事を読んでみても、どこが問題となったのか俄には了解し難い。政権交替を表現していることはわかる。虹が日を貫くとは珍しい言い方であるが、実はこの部分こそが一部から憤激を買ったのであった。日とは天子であり即ち天皇を意味する。それを貫くということは、天皇制破壊、国体変革であるとの強硬な声が挙がったのである。主導者は浪人会という国粋団体であった。

「先生が浪人会と決戦なさるとは、一体どういうわけですか」

「僕が中央公論で散々に連中を叩いたからさ。それで討論会を要求してきた。当日はぜひ大々的に取材を願いたいな」

「わかりました。先生の護衛はこの麻生が引き受けましたぞ」

吉野作造と浪人会の対決は、世に神田南明倶楽部の決戦と呼ばれている。十一月二十四日夕刻、麻生は吉野の護衛役として自動車で南明倶楽部に乗りつけた。浪人会は福岡玄洋社の流れをくむ、内田良平、佐々木照山、葛生能久といった面々で、吉野は一人で立ち向かおうというのである。麻生は帝大や早大の学生を動員して、会場内はもとより外側にまであふれさせた。浪人会弁士は一人一人立って国粋主義を獅子吼する。これに対し吉野は、持論の民本主義の立場から論理的に反駁する。論戦となれば吉野の敵ではないのだ。ひたすら大音丈を繰り返す相手に対し、吉野は最後にこう突いた。

「国粋が大好きな諸君が、みな洋服を着ているのはどういうわけか」

万雷の如き拍手が会場内外に起こり、長き論戦も幕となったのであった。

麻生は吉野の助言を受けて、水曜会を拡充し黎明会という研究団体を作った。黎明会は、（一）日本の使命を発揮すること、（二）危険なる頑迷思想を撲滅すること、（三）国民生活の安固充実を促進することの三原則を定め、積極的に講演活動を行った。こうした活動に東大の学生達が接近してきた。その代表的人物を赤松克麿という。赤松は山口県の出であり、東大在学中に新人会という学生団体を組織した。いわば学生運動の源流と言えようが、新人会は昭和の初めまで十年間存在し多くの人材を輩出した。某日赤松は一人の婦人を伴って根津の家を訪れた。麻生にとって初対面の女性であったが、新聞で見た特徴のある面立ちであった。彼女はあいさつの代わりに一首の短歌を差し出して黎明会へ入りたいと言う。

今日は世に戦いという悪もなし
貧しきために物思うのみ

情熱歌人、与謝野晶子はこの時四十歳、しかも十一人目の子を宿していた。赤松の父は京都の与謝野家から婿養子に来ており、その弟が晶子の夫である与謝野鉄幹であったのだ。

思うに大正時代のこの頃は、よき一時期であったと言える。南明倶楽部の討論会を想起すればよい。国粋団体の浪人会が登場した。右翼団体である。しかし右翼であっても、吉野に対しては言論で挑戦してきた。昭和の右翼であったならば直接行動に出たであろう。大正デモクラシーの潮流は、思想の左右を問わず拡がっていたのだ。吉野が常々教え子達に強調していたのは、ソーシャルサービスという言葉であった。学問の枠にとどまるな、社会に出て人の役に立てという意味だ。麻生はこの言葉を忠実に実行すべく、大正八年に東京日日新聞を退社し労働運動に突入してゆく。

足尾銅山で労働運動に

麻生と労働界との関わり合いとを記す前に、我が国の労働運動の初期について触れておかねばなるまい。明治の十年代に、東京に〝シャカイトウ〟という団体があった。読者はこれを聞かれて、ああ明治の世にも社会党があったのかと早合点されよう。この団体名を漢字で書くと、車会党、車界党となる。この車とは人力車であり車夫が集まったものであった。どうしてか。それは明治十五年に、新橋と日本橋の間に馬車鉄道が開通したことによる。馬一頭で八人から十人を運び、二頭立てであれば二十四人から二十七人が乗れた。これでは早足自慢の車夫達も勝てるわけがない。帝都一と評判を取った名物車夫の三浦亀吉は危機感を持ち、仲間を糾合して鉄道馬車反対運動を起こした。彼等を後押ししたのが、自由党の壮士で奥宮健之という人物であった。党を名乗ったところは、奥宮の入れ知恵なのか自由民権気取りだったのだろう。車夫達は盛んに演説会を催し巡査と衝突を繰り返す。奥宮は後に、幸徳秋水らとともに大逆事件で刑死する。また三浦亀吉は、麻生が住んだ根津一帯が活動拠点であった。この車夫は、根津遊郭の抱えであったからだ。三浦らの反対運動は次第に効を奏していく。馬車鉄道は馬糞の撒き散らしが不評で姿を消した。

車会（界）党の運動は、日本の労働運動の源流とみることができるが、大正時代に入るとより明確な形で表われてきた。赤松克麿はその著『日本社会運動史』のなかで次のように書いている。

「大正時代のはじめ頃は、労働組合は二つしかなかった。一つは友愛会であり、他の一つは印刷工の欧友会であった」

ここに労働組合と出てくるが、まだ法的裏付けのあるものではなかった。労働組合法は、原敬の政友会内閣になって内務省案と農商務省案の二つが作られている。大正九年のことだ。組合の増加とともに何度も議会に上呈されたが、とうとう先の大戦が終わるまで成立しなかった。だから戦前は労働組合法なき労働運動の時代であり、長い苦難の歴史が続いたのだ。それは実態先行の時代であり、政府も現実を直視せざるを得ず黙認していたが、大規模なストライキにはしばしば介入した。ストライキは、軍需工場である東京と大阪の砲兵工廠でも起こった。

組合非合法の時代にあって、最初に結成された団体が赤松の書にある友愛会であった。朝日新聞記者出身の鈴木文治が同志とともに作ったもので、大正と改元されたその年に、まさに新時代の到来のように生まれた。友愛会は戦闘的なものではなく、労働者の相談機能を兼ねた一種の共済団体であった。鈴木の目指すものは無論労働組合であったが、穏健な方法から出発すべきというのが考えであり順当に会員を増やしていった。幹部のなかには現職の巡査もいた。東京日日新聞を退社した麻生は、大正八年六月友愛会に入り旺盛な活動を始めた。その方法はかなり戦闘的だったようである。

「私の友愛会本部に這入ったのは大正八年六月であったが、私の這入った時に、私は『過激派』と目され友愛会を破壊するものとされ、大阪などでは、あ奴が来たら殺して仕舞えと云はれた」(『一九一七年前後』)

麻生が過激派とみなされたのは、労働者の要求を正面にかかげストライキ戦術も採ったからであろう。直接行動主義のサンジカリズムである。議会主義の否定である。これに対し友愛会の有力者、神戸の賀川豊彦や大阪の西尾末広(戦後の民社党創立者)は議会主義者であった。これでは重要な点で対立してしまう。しかし麻生は友愛の名のもとに、巧みに意見をすり合わせて統一した政策要求をまとめた。大正八年八月の友愛会大会で、互助的組織から脱皮して戦闘的な団体に衣更することに成功する。最低賃金制度の確立、一日八時間労働、日曜日休日、幼年労働の廃止、失業防止対策、労働者住宅の確保、普通選挙の実施を高々とうち出した。麻生は続いて街頭戦術に乗り出した。広く世間に訴える機会が生まれた。メーデーである。大正九年五月一日、友愛会を中心とする十五の労働団体は、五千名のデモ行進を行ってメーデーを祝った（日本最初のメーデーとされる）。麻生は後にこう記している。

「メーデー来る！　一年一度の祝祭日メーデー来る！　その喜び、その希望、去れはた々額に汗する者、虐げられたる者のみが知る一年一度の祝祭日である」

大正九年十月、全国の鉱山労働者が大同団結し、産業別労働団体として全日本鉱夫総連合会が生まれた。麻生は本部理事というトップの座に就いた。三十歳そこそこであったが、社会の現実に処する力は遺憾なく発揮されることになる。活躍の場は栃木県の足尾銅山であった。足尾の名は、代議士田中正造と谷中村の名で、日本の公害運動の原点となっている。経営者は古河市兵衛である。その夫人は鉱毒被害に責任を感じたのか、東京の神田川に身を投じた。世間的には評判の悪い古河鉱業所だが、明治の頃の労働条件は過酷なものではなく、かなり鉱夫達の待遇には意を用いたとされる。市兵衛在世中はストライキや暴動が起こることはなかった。

明治四十年二月、その足尾に暴動が起こった。

足尾の労働者が一斉に決起したのは、何よりも待遇が悪化したためであった。前年に名経営者の市兵衛が逝去し、新しい鉱業所長となってから情勢が一変したのである。生産を伸ばすために労働時間は長くなり、月二回の休みも取り消された。そのうえ経営側は鉱夫達に賄賂まで要求し、それによって賃金を決めたのだから悪代官そのものである。暴動は五日間続いたが、高崎から軍隊が出動して鎮圧された。その足尾で再び大騒動がもちあがった。会社側の首切りに反発して、鉱夫のストライキが起こったのである。第一次大戦で絶好調を続けた日本経済だったが、大正九年になると反動恐慌が表われた。経営者の多くは一気に弱気になり、足尾銅山も首切りに踏み切った。これに対し労働者側はストライキと暴動で応じ全面対決となった。このままでは警察か軍隊による弾圧が予想された。麻生は棚橋小虎と一緒に現地へ乗りこみ、ストライキを続けさせながら解決策を経営側に提示した。従来の力と力のぶつかり合いではなく、ストライキという強硬戦術を採りながら話し合いを進めるという近代的な方法である。闘争期間一ヶ月、ついに会社側は腰を折り労働者の勝利で終わった。足尾騒動の勝利以後、麻生は全国の炭鉱、鉱山を駆けめぐり労働運動をリードしてゆく。その過程で、ストライキに重きを置くサンジカリズムから、より労働者の声を政府に届ける方法を模索してゆく。

模索の結果得た結論は、労働者や農民を基盤とした政党を作ることであった。無論帝国議会に代議士を送るのが目的だ。サンジカリズムに傾倒した男が、議会主義という現実に開眼したと言えよう。もうひとつは普選が実現したことであった。大正十四年三月、憲政会加藤高明内閣によって、ついに普通選挙法が成立した。成人男子満二十五歳以上であれば、誰でも選挙権が与えられた。これにより有権者は一千万名を超えることになり、従来の政友会、憲政会以外にも第三党出現のチャンスが出来たことになる。労働者票を期待して、早くも大正十四年の暮れに農民労働党なるものが旗上げした。ところが三時間後に警視庁から解散を命ぜられている。加藤内閣は、普通選挙法といっしょに重要な法律を作っていた。稀代の悪法とも、国体を支える支柱とも評された治安維持法である。この背景には大正十一年七月十五日、秘かに東京の一角にコミンテルン日本支部が置かれたことがあげられる。これぞ日本共産党であり、根津の議論に顔を見せた佐野学は創立に参加している。プロレタリア党の結成は、おいそれとはいかなかった。

麻生は慎重に策を練り、大正十五年暮れになって日本労農党を結成した。三輪寿壮、三宅正一、浅沼稲次郎ら、東大や早稲田出身の活動家が馳せ参じた。何れも戦後の社会党を担う顔ぶれである。同じ頃、キリスト教社会主義者の安部磯雄を委員長に、片山哲（戦後の社会党政権の総理大臣）、西尾末広らが社会民衆党を作った。さらに早稲田大学教授大山郁夫の労働農民党が産声をあげた。何れも労働者の権利向上を目指すには違いないが、運動の進め方には差があった。左の労働農民党、右の社会民衆党、中間派の日本労農党という色分けとなる。プロレタリア解放をうたいあげながら、ひとつにまとまることはできなかった。この点が労働者政党の弱点であり、ひとつにまとまるまでには尚数年の歳月を要することになる。これら三党と一線を画する非合法政党として、日本共産党があった。プロレタリア政党は、財産が無いという意味で無産政党の名で呼ばれた。

昭和三年二月、記念すべき第一回普通選挙が、田中義一政友会内閣の手で行われた。麻生は日本労農党の顔として、栃木一区から立候補した。地盤と頼むのは、思い出深き足尾であった。麻生は足尾の鉱夫達に訴えた。

一、耕す者に土地を保証せよ！
一、税金は大金持ちに出させせよ！
一、働く者の生活を保証せよ！
一、既成政党を打破せよ！

危機感をもった会社側は、多種多様な手段で選挙運動に妨害を加えた。労働者一人一人を呼び、麻生には投票しないよう威嚇を加えた。鉱内にはポスターを貼らせず、演説会には会社の人間を監視員にして労働者を排除した。開票結果は五八一〇票、一歩及ばず次点落選であった。昭和五年一月、今度は浜口雄幸民政党内閣で行われた総選挙にも足尾から立った。今度は目標を銅山側との対決に置いた。「麻生が勝つか、古河が勝つか」を絶叫して支持を伸ばしていった。対立候補は政友会の実力者である森恪であり、森は麻生に脅威を感じていたらしい。そのためあらゆる妨害工作で、麻生を落とすのに必死であった。結果は前回を上回る一〇八〇六票を得たが、又もや次点に泣いた。三度目の正直は東京に鞍替えして昭和七年二月（犬養政友会内閣）、だが勝利は得られなかった。悪戦苦闘を続ける大衆政治家は、こうしたなか意外な勢力と交流をもつことになる。

無産政党に接近する軍部

「今の日本から特権機構を無くさねばならない。先ずは枢密院の廃止だ。君らだって異存あるまい。どうだい、イエスかノーか」

大声で詰め寄る声の主は、まぎれもなく麻生ではないか。一室から漏れこぼれる声は続く。

「次、参謀本部と軍令部も要らない。理由は内閣の手が及ばないからだ。貴公は今は関係あるまいが、参謀本部が消えれば橋本中佐は行き場を失うぞ。それでよろしいか」

「……」

相手はどうやら軍人らしい。暫し沈黙のあと口を開いた。

「桜会は保身に恋々とする集団ではありません。参謀本部も軍令部も軍閥の牙城であるならば必要ありません」

対面者は、陸軍省調査班の田中清少佐であった。

縁は異なものというが、まことにその通りである。無産政党の闘士と陸軍中堅幕僚が膝を突き合わせたのだから。麻生の口から出た橋本中佐とは、参謀本部勤務の橋本欣五郎であった。

巨大な陸軍組織の一角に、桜会という秘密結社ができたのは、昭和五年九月下旬とされている。発起者は三名、参謀本部の橋本欣五郎砲兵中佐、陸軍省の坂田義朗歩兵中佐、警備司令部の樋口季一郎歩兵中佐。ことに橋本が桜会を代表した。その趣意書にはこうある。

〝国民は吾人と共に真実大衆に根幹を置き、真に天皇を中心とする活気あり明らかなるべき国政の現出を渇望しつつあり〟

このため同志を集め社会変革を目指す。行き着く先は国家改造であり、必要とあらば武力行使も辞さないというものだ。一読して途方もない急進主義者の団体のようだが、無論そこには当時の社会背景が存在する。昭和恐慌と呼ばれる経済の落ちこみと、失業を中心とした社会不安であった。昭和五年一月に、浜口雄幸民政党内閣は公約通り金解禁を断行した。折りからアメリカのウォール街に端を発した大恐慌が、日本にもヒタヒタと押し寄せていた。金の解禁は、外国貿易との関係では円の切り上げとなるため、生系をはじめとする日本の輸出産業は大打撃を受けていた。桜会は国難を克服すべく起ちあがったのである。

　坂田中佐の部下が田中清少佐であった。田中は陸軍省調査班に居り、マルクス主義や社会問題と取り組んでいた。田中が注目したのは、近年農村の若者の健康が悪化しつつあるということであった。これは大恐慌以前からの傾向であったが、主因は栄養不足である。兵隊の大部分を占める農村青年の体力劣化は、陸軍にとって重大な問題と言わざるを得ない。どう解決するのか。それには、現在の政治経済支配構造の変革が必要と田中は考えた。しかし軍部だけで変えられるわけではない。軍の外にも協力者を求め、共に国家革新へと進むのが肝要だ。議会を見渡すと、少数ながら日本の変革を求める無産政党が進出してきた。国家革新、国家改造という点では、ひとまず手を握れるのではないか。田中の心中はかく動き、ひそかに麻生へのアプローチとなったのである。

　二人の会話は続く。

「桜会の目標は国家改造、我々無産政党も同じだ。ならば普選では当然票を投じてくれるわけだね」

「残念ながら軍人には選挙権がありません」

「その通り、軍人票は当にできない。しからば桜会はどうやって改造を進めるつもりなのか」

「それは色々と考えておりますが…」

　田中は言葉を濁した。桜会は秘密裡にある計画を実行しようとしていた。

　実は麻生ら無産政党側にも、軍人との接触を受け入れた事情があった。昭和三年の記念すべき普通選挙で、労働界から八名の当選者が出た。
社会民衆党―東京一区安部磯雄、大阪三区西尾末広、大阪四区鈴木文治、福岡二区亀井貫一郎
労働農民党―京都一区水谷長三郎、京都二区山本宣治
日本労農党―兵庫一区河上丈太郎
九州民権党―福岡二区浅原健三
何れも日本政治史に名を残す面々だが、なかでも異色の存在は浅原健三であろう。大正の末年、八幡製鉄所の大ストライキを指導し、溶鉱炉の火を止めた男として広く知られていた。満洲事変後は石原莞爾と結びつき、二・二六事件後に林銑十郎内閣を誕生させる怪物ぶりを発揮する。昭和五年七月、無産政党同士の合併が行われ、全国大衆党が出来あがった。議長は麻生久、書記長は三輪寿壮であった。二人のもとに水曜会以来の山名義鶴、宮崎滔天の息子である宮崎竜介、さらには浅原健三もかけつけた。棚橋も無論一角を占めていた。全国大衆党の出現には、無産政党の議席減少という現実があった。昭和三年の総選挙で八名の当選者を得たが、昭和五年初めの選挙では五名となってしまった。劣勢を挽回するためには党を大きくすること、そのために少数党を吸収した。さらに支持層を拡大すること。ここに軍部との会合が実現したわけである。田中清少佐は手記のなかでこう記している。
「桜会の急進派は、軍部外に同志を求めんとし社会民衆党、大衆党の幹部と屢々会合し意見を交換せり。此結果彼の無産党は、軍部の少壮将校の一般意嚮を明にし、軍部が決して資本家の

手先に非らざることを認識するの一助ともなれり」

さかのぼれば軍部が民間人と政策問題を話し合ったのは、昭和の初めであった。昭和二年の二月頃、労働運動家と参謀本部の幹部クラスが会合を待った。第一回は、四谷にあった三河屋であり此処は美味しい牛肉屋として知られていた。赤松克麿、宮崎竜介、松延繁次が社会運動家側、参謀本部からは、松井石根第二部長（当時少将）、支那班長田代皖一郎大佐、重藤千秋中佐、板垣征四郎中佐の四名であった。正午から三時頃まで遠慮なく談論風発したという。話し合いの中味は顔触れから察せられる通り、北伐進行中の中国問題であった。

世話役を買って出たのは矢次一夫という人物である。矢次は大正の末年から、労働問題の専門家として活動しており、企業家や労働運動闘士、さらには政治家、軍人に至るまで顔の広さを誇っていた。この人物は、戦後も長く政財界の知恵袋として活躍した。また松延繁次という男が出てくる。松延も昭和の一時期にはかなり名の挙がった人間である。国鉄の機関士出身であり、後の国労や動労の源流とでも言うべき活動家であった。松延が一目置かれる存在だったのは、北一輝や大川周明といった、当時の思想界の大物とつながりがあったからだった。赤松は麻生の後輩であることは前述の通りである。会合は矢次の記憶によれば数回で終わったという。この時は普通選挙が行われる前でもあり、無産政党代議士は誕生していない。お互い暗中模索の思いで、毛色の変わった人物を求める気持ちであったのだろう。

昭和六年に入ると、桜会の行動は具体化を帯びてくる。田中清手記一月九日に曰く、

「宇垣大将は政界に乗り出し内閣を組織すべき決心を固めたり」

桜会は、若槻内閣の陸軍大臣宇垣一成を首班とする内閣を画策した。この年三月を期して、麻布三連隊を出動させて議会を占拠し、国民の声が宇垣にあることを宣言して実現させるという。国家改造の名にふさわしく、クーデタによるものであった。そして無産政党にも応援が求められた。ここに至って、田中少佐が麻生に近づいてきた本音が表われたと言える。麻生の説得役として姿を見せたのは、クーデタ主導者の一人である大川周明であった。麻生の返答は次の通りである。

「大川博士は、常に夢想を抱いて現実性を持っておられない。天皇陛下を前面にかかげれば国民はひとつになると言われるが、かって今上陛下の妃殿下問題では国民は別に湧き立たなかったのです。今民間で騒ぎを起こさせて、その機会に革命をやるなんて、それこそ国民から包囲されますぞ。クーデタには絶対反対ですな」

大川は、全国大衆党が広汎なデモを行うスキに、つまり警察力が眼を奪われている間に、宇垣政権を成立させると説明したのである。大川は宇垣内閣の大蔵大臣に座ることになっていた。

桜会のクーデタ計画は三月事件の名で呼ばれている。クーデタは、宇垣の変心が主で未遂に終わった。橋本欣五郎らの理想は潰えた。だが眼を国外に移せば、昭和史の転換点となる出来事が起きようとしていた。田中日記に曰く

「八月四日、吾が橋本中佐に会へる時同中佐は吾に云ふ、『本年九月中旬関東軍に於て一つの陰謀を行ひ満蒙問題解決の機会を作るべく、国内は之を契機として根本的変革を敢行せらるべきなり云々』」

〝一の陰謀〟たる満洲事変は、すでに軍中央の一部に伝えられていたのである。

「陸軍パンフレット」の熟読を党員に訴える

「満洲事変は著しく国民の愛国心を刺激し、其の影響は組織労働者農民にも及び、国際社会主義を放棄して国家社会主義へ転向せんとする団体漸く多きを加へんとする傾向が在る、社会民衆党は己に其意図を明かにし、全国労農大衆党の一部にも亦共鳴者ありと伝へられて居る」

（「満洲事変に対する無産政党其他の態度」）

無産政党が満洲事変をどうみたかについて、治安当局はこのように観察している。昭和六年九月十八日の柳条湖鉄道爆破は、発生当初は奉天事件と呼ばれ局地的なものとみられていた。それが関東軍の〝越権〟により、瞬く間に広範囲な軍事行動となり満洲事変と化した。すでに橋本欣五郎の予言を記したが、陸軍中央の代表的人物である永田鉄山大佐（陸軍省軍事課長）は、満洲での軍事行動は翌昭和七年と推測していた。つまり一年間は隠忍自重するという考えだったのである。関東軍が何故軍事行動に踏み切ったのかは、統一中国が推し進めた革命外交への対抗であった。それまでの外国権益を認めないというのであるから、在満日本人は細々と生活を続けるか、日本へ引き揚げるか二つに一つとなる。関東軍は武力で権利を主張したと言えようが、それだけではなく独立国創建まで突き進んだ。

治安当局の文中に出てくるように、社会民衆党は事変を前向きにとらえた。リードを執ったのは書記長の赤松克麿だった。日本の生存権確保のため、満蒙に於ける権益は守らなければならないと主張した。しかし満蒙の姿については、ブルジョア的管理を排して社会主義的国家管理に移さねばならないという意見であった（満洲国の建設は大よそ赤松の通りとなる）。全国労農大衆党とは、事変の直前に出来た無産新党で、麻生が書記長を務める。社会民衆党とは反対に出兵反対闘争委員会を作り、即時撤兵と内政不干渉を声明した。満洲での武力行動は世界戦争を誘発するとし、関東軍の本来の駐屯地である関東州（遼東半島南部）へもどるよう訴えたのである。しかし党内には、現地を視察した議員が満蒙の権益を維持すべきだと麻生に詰め寄る場面もみられた。社会民衆党と同じ主張であり、結局この両党は一緒となる。昭和七年七月二十四日、社会大衆党という単一無産政党が出来あがった。無産階層が手を握ることになって、ぜひとも議会で躍進せねばならない。委員長は安部磯雄、書記長麻生久である。

社会大衆党は、次のようにわかりやすい立党宣言を行った。

〝我党は、労働者、農民、一般勤労大衆の生活擁護の為めに戦う〟

勤労大衆とは、昭和になって一般的になってきたサラリーマンを指したものであろう。会社員を支持層に取りこむ考えとみられた。だが基本方針は社会主義である。麻生の口にする社会主義は武力革命を指向するものではない。第一回選挙で表看板とした、いわゆる社会正義なのである。それでは満洲国についてはどうか。この点の言及は、完全な民族自治を要求する、という言い方に留まっている。労働者政党にしては曖昧な表現だ。本音は隠しているものの、これは要するに満洲事変以後の動きを追認したと言わざるを得ない。事変勃発時の意見を転換したことになる。その裏には、落ちこんだ党の体勢挽回があった。今無産党の国会議席はたったの五議席であり、次の総選挙で躍進できるかどうかは、まさに麻生の判断、力量にかかっていた。社会大衆党は国内世論の動向から、満洲国を容認したのである。

時代は犬養内閣から斎藤実に変わり、昭和九年秋は岡田啓介内閣となってゆく。その九年十月一日のこと、陸軍省新聞班がひとつの文書を公にした。標題は「国防の本義と其強化の提唱」という。巷間、〝陸軍パンフレット〟と呼ばれた話題の一文であった。この冊子が発表されるや、多くの批判が陸軍に集中した。特に政界は強い拒否反応を示し、軍人の政治干与を声高に主張した。有名となったパンフレットは次の文章で始まる。

「たたかひは創造の父、文化の母である。試練の個人に於ける、競争の国家に於ける、斉しく夫々の生命の生成発展、文化創造の動機であり刺激である。ここに謂ふたたかひは人々相剋し、国々相食む、容赦なき兇兵乃至暴珍の謂ではない。此の意味のたたかひは覇道、野望に伴ふ必然の帰結であり、万有に生命を認め、其の限りなき生成化育に参じ、其の発展向上に与ることを天与の使命と確信する我が民族、我が国家の断じて取らぬ所である」

これは戦争を意味しているのではない。何故なら、〝たたかひ〟であって戦いではないからだ。文中にも人間同士がせめぎ合い、国家同士が殺し合うことではないと説明している。いわば挑戦であり、真の国防とは武力戦から脱却して、新たなる思想に発展せねばならない。戦いは覇道、たたかひは正義の追求、創造の努力だと高らかに提唱しているのだ。政界では批難渦巻くなか、ひとり麻生は〝その通り〟と拍手を送ったのである。

彼の声を聞く前に、パンフレットの中味を更にみてみる。〝新たなる思想〟とは、近代的国防観を確立することだと説いている。それは武力だけではなく、経済観念や思想面まで含まれるものである。曰く、全体的経済観念であり智育偏重教育を是正せねばならないとする。ことに経済については、全体という立場から個人主義を基調とする自由競争の抑制である。一部の階層ではなく、国民全体の生活安定が最優先であり、それには税制を整理して勤労に応じて所得が得られるようにするのだ。パンフレットは明確に富の偏在を是正すると書いた。時の陸軍大臣は林銑十郎大将であったが、陸軍省の中心は軍務局長の永田鉄山であった。本文は無論新聞班（班長は根本博大佐）の手に成るものであったが、内容は永田鉄山の考えを反映したものとされている。永田は軍事一辺倒の人ではなく、幅広い視野から物事を考える頭を持っていた。その思想を一言すれば、国家総力戦、国家総動員である。パンフレットにはこれらの言葉はないが、何かしら新しい国策をうち出さねばならないという意欲が伝わってくる。麻生は敏感に反応した。

党機関紙の社会大衆新聞で、書記長麻生は自ら筆を執った。

「今回の夫れは科学的態度に発展し、卒直に資本主義的機構を変革して社会主義的ならしめる事を主張している」

「我々は、満洲事変、五・一五事件以来、当時のファッショ的反動性と戦いつつも、日本の国情より観察し日本の軍隊の本質より推理して、ファッショの不可能を確信し同時に日本の軍隊が其本質に従って、やがて今回のパンフレットに盛られた思想にまで発展し来るべきを確信したの

であった」（昭和九年十月二十八日、社会大衆新聞）

麻生は、パンフレットの公表を民主的合法的だとも評価した。これまでの陸軍のやり方は、秘密裡に計画し人知れず処理をした。三月事件がそうであった。満洲事変の翌月起こった荒木貞夫大将のかつぎ出しクーデタ、十月事件も然りである。今回は、陸軍がその考えるところを正面から発表したことに評価を与えたのである。麻生の主張は続く。

「またその国策内容は未だ反資本主義批判を出でず、文簡にして意をつくさず、表現低調且つ抽象に過ぎ、且つそのものの見方、その例見の凡ては必ずしも我等と同じからざれども、その文字の本筋を去って大綱に於いてこれを読み、政治的感覚を紙背に徹し、且つ生々たる政治波動としてこれを把ふればそれは巨大な現状打破の力である」

文学的表現ながら、陸軍部内の革新への動き、社会主義へ進む流れを麻生は感じとったのであった。

センセーションを巻き起こしたとはいえ、一片の文書に無産政党の代表が肩入れしたのには、実は意外な事実が隠されていた。その裏を明かしたのは、社会大衆党の亀井貫一郎という代議士だ。外務省から労働運動に入った異色の人物で、第一回の普通選挙で当選してからは党の国際部長を務めた。亀井は晩年になって回想録のなかで、次のように注目すべきことを述べている。

「昭和九年五月、陸軍省永田（鉄山）軍務局長の依嘱により、狭義国防思想を広義国防思想に転換することについての論稿に従う。国防の本義とその強化の提唱なる陸軍公表パンフレットとなった」(『五十年ゴム風船を追って』)

亀井自身が、パンフレットの作成に参加していたのだ。となれば当然社会大衆党の主張も盛りこまれているはずだ。事実、パンフレットにはこのような一文がある。

「国民の一部のみが経済上の利益特に不労所得を享有し、国民の大部が塗炭の苦しみを嘗め、延ては階級的対立を生ずる如き事実ありとせば、一般国策上は勿論国防上の見地よりして看過し得ざる問題である」

所得の公正、公平な社会を目指す麻生の主張そのものと言えよう。つまりパンフレットは、陸軍と麻生、亀井らの合作だったのだ。

それでは何故亀井は陸軍の依頼を引き受けたのか。当然書記長の麻生の了解のもとに参画したのであり、そこまで陸軍に協力する理由は何かということである。麻生の戦略は連軍工作という名で呼ばれる。それは、軍隊と無産階級は結合せねばならないということだ。自由主義経済は競争原理だから不平等を生みだすが、この矛盾に対する改革の声は自由主義経済を支える階層からも起こっていた。国家総動員体制を目指す永田は、利益第一主義には批判的であり、その点では麻生と共通点があったのである。

パンフレットについては、社会大衆党内に強い反発があった。しかし麻生はそこに含まれる意義を強調し、党員に熟読するよう訴えた。連軍工作は、進んで陸軍の内に入り彼等を社会大衆党の意見に染めさせようという、麻生独特の遠大な戦略であった。これは軍隊を社会主義実現のために使うということではない。クーデタという手段は、三月事件の時にははっきりと否定している。そうではなく、合法的な支持基盤の拡大と言ってよい。陸軍という巨大な組織のなかに賛同者を得ることは、極めて大きなメリットになるのである。その結果がどうなったか。昭和十一年総選挙に表われることになる。

二、一国一党という夢想

社会大衆党の躍進

昭和十年八月十二日、陸軍省軍務局長永田鉄山少将は、現役将校の手によって勤務中に暗殺された。被疑者の名を取って相沢事件と呼ばれている。殺害の理由は色々と挙げられているが、そのなかに社会主義者との交際があった。永田は皇軍の本義に背き、麻生らと会合して社会主義者になっているというわけである。麻生は陸軍パンフレットのなかに社会主義的傾向を感じ取ったのであるが、パンフレットが真に社会主義を指向したものであったとは断言できない。永田の考えは、国家総力戦体制を確立することだが、それは戦時に備えるものであった。だから平時より自由主義経済を抑制できる法律、措置を整備しておく必要がある。国家総動員法はその代表的な例であるが、これは支那事変の最中に議会にかかり、社会大衆党も賛成して成立している。永田鉄山の死は、麻生や亀井にとって痛恨事ではあったろう。しかし社会大衆党を理解する軍人には、武藤章という鋭才がいた。

昭和十一年の二月、社会大衆党書記長麻生久は、悲壮な面持ちで党本部に連日陣取った。岡田啓介内閣は四年ぶりに衆議院を解散し、投票日は二月二十日と決まった。解散前の五名という単一無産政党の議席を、どれだけ伸ばせるかは書記長麻生の腕にかかっていた。第一回の普選で得た八名を上回るべく、麻生は時間を見つけて各選挙区を巡った。自身の選挙区は東京五区であったが、四度目の正直を訴える麻生の姿はほとんど見られなかった。全力を他の候補者の応援に向けたのだ。そして二十日を迎え開票が進むと、続々と当選の連絡が入り党本部は万歳の大合唱となった。

公認候補者十八名が当選し、これに野党系の四名が同調することになったため、議会では二十二名の勢力が誕生したのである。麻生は東京五区で、加藤勘十（夫人の加藤シズエと共に戦後は社会党議員）と一緒に初当選を果たした。選挙運動中の強張った顔は満面の笑みと変わった。第一党は民政党の二〇五名、次いで政友会の一七四名であり、少数ながら社会大衆党は第三党の地歩を占めた。いざ新国会へと、議員の誰もが腕を鳴らしているその時、麻生が接触を深めてきた陸軍で大暴発が起きた。

昭和十一年二月二十六日、事件勃発初日の陸軍首脳は周章狼狽、あわてておののいた。反乱将校の背後にいると噂された真崎甚三郎大将は、「お前達の気持ちはよくわかる」と彼らの面前で言った。陸軍大臣川島義之大将は、同僚先輩らと協議して、「諸子の精神は天聴に達しあり」と、暴挙に等しい大臣告示を出した。陛下の心中は正反対だったのにである。参謀本部は

議場で演説する麻生

わざわざ全国の師団長に対処方針を問うている。即刻鎮圧を主張したのは、熊本第六師団長の谷寿夫中将（戦後南京で刑死）と、仙台第二師団長の梅津美治郎中将（最後の参謀総長としてミズーリ号艦上に立つ）二人だけであった。この点、軍部よりも政党人に常識家がいた。民政党総裁の町田忠治である。岡田内閣の商工大臣であった町田は事件で集まった閣僚らの前で、日本陸軍は陛下の軍隊であると一人強調した。そして茫然自失態の川島に対し、陛下の兵の一部が反乱を起こしているのに何故討伐しないかと叱咤したのである。真の陸軍大臣ここに在りというべきであろう。昭和天皇は、この政治家を高く評価したという。

事件後広田内閣が生まれ、第六十九議会で麻生は社会大衆党を代表して登壇した。

「国家革新の枢軸は、資本主義機構の根幹に斧鉄を加え、国内改革の断行、昭和維新の強行によって政治の旧弊を打破すると共に、国民生活を安定し大衆に明日の希望を与えるにあると信ずる」

演説は終始このような内容であった。〝国内改革の断行〟、〝昭和維新の強行〟は、二・二六の反乱将校が唱えたバックボーンそのものである。そこには言葉だけがあり具体策がなかった。第三党の書記長演説としては、予想外に低調であり空虚であった。麻生は、反乱将校のエネルギーには賛同していたのかもしれない。そこには、何かを変えねばならないという強烈な意志があったからである。

第六十九議会の華は、前述したように斎藤隆夫である。再度粛軍演説を採りあげて、別の部分を観ることにする。斎藤は次のように言う。

「国家改造を唱えて国家改造の何たるかを知らない、昭和維新を唱えて、昭和維新の何たるかを解しない」

斎藤は、意味の伴わない言葉が一人歩きして、不穏な情勢を作り出していると二・二六事件の背景を追及した。そして現今の政治家にも責任があると主張する。

「苟も立憲政治家たる者は、国民を背景として正々堂々と民衆の前に立って、国家の為に公明正大なる所の政治上の争を為すべきである。裏面に策動して不穏の陰謀を企てる如きは、立憲政治家として許すべからざることである。況や政治圏外にある所の軍部の一角と通謀して自己の野心を遂げんとするに至っては、是は政治家の恥辱であり堕落であり、又実に卑怯千万の振舞であるのである」

斎藤は、政治力を増してきた軍部に迎合する政治家を強く批判した。本来ならば、麻生こそこのような言辞を吐いてよいはずである。しかし彼は、直接的な軍部批判は避けている。無用な摩擦を嫌ったのか、何らかの議会対策の為だったのか。斎藤の演説には、〝軍部の一角と通謀して〟という一句がある。果たして麻生はこれをどう受けとめただろうか。察するにこう答えたに違いない。

―通謀などしておらん、協力できるところを協力するのだ―

思うに、弁護士出身のブルジョア政治家である斎藤と、党勢拡大を目指す無産党麻生の政治手法の違いと言えようか。

昭和十二年になって広田内閣は退陣し、陸軍の一部が後押しする林銑十郎内閣の出現となった。この内閣はわずか四ヶ月でつぶれるのだが、どういうわけか解散を断行したのである。〝食い逃げ解散〟だ。これによって最大の恩恵を受けたのが麻生の党だったのだから選挙は水モノとは言え林内閣には感謝の一語であろう。ともかく解散はまさかの行動であった。そのまさかに対応すべく、麻生は前回以上に強気の方針を執った。それは大都市の同一選挙区に、複数候補を立てて必勝を期したことだ。先ず自身の東京五区には、東大の後輩で新人会出身の三輪寿壮を立てた。大阪四区は、西尾末広と川村保太郎、兵庫一区に、永江一夫と河上丈太郎（戦後の右派社会党委員長）を擁立した。スローガンは極めて簡単明瞭、反ファシズム、反資本主義、反共産主義を掲げて戦った。投票日は四月三十日、票が開くにつれて、社会大衆党は驚くべき伸びを見せた。麻生、三輪ら六名は無論、当選者は三十七名を数え、内十九名はトップ当選であった。民政党は議席を減らして一七九名、政友会も前回とほぼ同じの一七五名であり、民政党の減少分を無産政党が奪ったのである。かくして麻生の党は倍増した。

「資本主義は、もはや従来の如き方法をもってしては国民生活を保証することが出来なくなったことが明白となり、社会革新の必要が痛切に要求せられるに至ったのである」（『改造』・昭和十二年六月号）

勝利の総括を麻生はこのように表現した。いかにもこの男らしい飛躍した見方である。そこには確たる分析はないからだ。筆者なりに検討してみれば、客観情勢として既成政党離れが挙げられる。民政党と政友会は依然として二百名近い当選者を出してはいるものの、内閣を背負って立つという力に欠けていた。政党を否定するテロ勢力が政党政治を台無しにしたとは言えようが、テロに打ち克つだけの気力がなかった。国民は大政党に飽いたとはいえ、ファッショ勢力に全面的に賛成しているわけではない。こうしたところへ社会大衆党が現われた。票の一部は、この新政党に流れたというわけである。麻生は、社会大衆党こそ日本の政治を指導する第一線であると胸を張った。そして未来の議席の伸びを確信したかのようにこう言うのだ。

「我国の革新は、議会を中心とし、議会によって、即ち議会政治の方法によって行わなければならないのである。それであるから、今日の政治上の最大の急務は先ず議会の革新でなければならぬ。議会そのものが、国民大衆の生活と希望とを忠実に反映し得るようにならなければならぬ」

かつてのサンジカリストも、今や議会制民主主義の徒となったかのようである。これでは無産政党として面白くないと思ったのか、次のような不思議な言葉も吐露している。

「憲政常道論、政党内閣論は今日の如き反動時代においては一見如何にも進歩的急進的に見えるけれども、実際政治において最も反動的な主張と化する所以はここにある」

実に深長な一文だ。社会大衆党はこれからどう進もうとするのか。三十七議席という議会の新顔に呼応するかのように、清新な総理が六月になって現われた。近衛文麿の登場である。

「時代の与党」となった社会大衆党

近衛文麿という人物は、五摂家筆頭の当主という家柄から、この時代では天皇に最も近い位置にあった。長く貴族院議員として政治の経験を積み、聡明な頭脳をもって次第に周囲から仰がれる存在となった。近衛に多くの人が期待したわけは、決して保守頑迷ではなく革新的意見の持ち主であったからである。大正の末年、彼は一地方都市で講演したが、参謀本部廃止を主張して話題になったことがある。政府の監督を受けず天皇に直接結びつく参謀本部を、天皇陛下に最も近い人物が不要と言ったのだ。近衛の地位からすれば、人は革新を通り越し過激というであろう。

こうした大胆な意見を言えるのは、彼が京都大学で学んだからであろう。東京中心の見方ではなく、異なった視点を身につけることができた。自然と近衛の周囲には多彩な人物、様々な情報が集まるようになった。昭和十二年六月の近衛内閣の出現は、ちょっとしたブームをまき起こした。公家総理としては西園寺公望以来だが、清新溌刺の風があった。政党も官僚も財界も、そして巨大な集団である陸海軍もこの人物を歓迎した。近衛には協力せねばならないし、この内閣ならば難問は解決できるというムード（ムードである）が漂った。しかし試練はすぐやってきた。七月七日である。

昭和十二年七月七日、北京郊外盧溝橋の銃声は、当初さほど重くは受けとめられなかった。

九日、近衛総理は各政党の代表を官邸に招いて情勢報告を行った。政府は不拡大方針を執るということを説明したのである。社会大衆党からは、委員長の安部磯雄が出席していた。官邸から帰った安部は、記者団に次のように語った。

「我が党は挙国一致に積極的に参加す可きことを表明する」

安部個人のコメントであったが、これは二つの解釈が可能となる。近衛内閣は不拡大方針を表明したのだから、挙国一致して協力するという意味がひとつ。もうひとつは、今後どういう方針が執られても政府には従うということだ。〝挙国一致〟とはそういう響きを持っている。

無産政党は、元来政府の方針に異を唱えるのを常としてきた。ここに至って、盧溝橋事件という対外紛争に対しては、政府の方針に賛成を表明したのであった。しかし社会大衆党内では、事態の推移を見守ってから声明を出すべきであったとの声が挙がった。安部のコメントは、早急であり大勢順応であると批判された。

その後、事変の動きに従って党はどのような態度を公にしたか。党機関紙の社会大衆新聞を見ていくことにする。

七月二十八日

「今回、北支事変の緊迫に當って、政府は全国民に対し、挙国一致を要求した。蓋し、国家興亡の非常時に當り、此難関を突破して、民族を勝利と発展とに導き得るか否かの分岐点は、一にかかって、全国民が最後まで真に挙国一致を保ち得るか否かに存するのである。然らば、此非常時を突破して民族を勝利に導く必須要件たる挙国一致の実現は果して如何にして可能であるか。

第一は、非常時の性質に対する国民の心からなる認識と積極的承認である。

第二は、非常時に対する犠牲と労苦とを全国民が平等に背負ふ事の可能なる建前である。

第三は、国防力の最大能力を発揮するために、完全なる生産組織を持つと云ふ事である」

　繰り返すがこれは、国民平等という名のもとに犠牲を負うべしという、無産政党の主張であった。驚くべきは記事のなかで、「満洲事変の際に於ける如き、我等の批判的消極的態度は許されないのである」としていることだ。党は早くも長期化を覚ったのであろうか。

八月二十二日
「我等は今日の事変に於ける国民的犠牲を泥土に遺棄してはならない。この尊き犠牲を生かさねばならない。今回の軍事的行動によって支那に於ける抗日政策は打倒さるゝであろう。然し、支那抗日政権の崩壊後、統一を失ひ混乱に陥れる支那民衆が、之れを放置すれば、赤色共産勢力に指導されないとは保証されないのである」

　そのために、共産勢力に侵食されないために、日本は軍事行動の後に政治行動が重要だと訴える。しかしその中味は、革新的国民外交だと言うばかりで方策は示していない。戦線は上海でも勃発し、社会大衆党は、戦費調達と悪性インフレ対策として、銀行国営化を政府に迫った。

十月三十一日
「我党は、今次日支事変は日本民族の東洋永遠の平和を建設せんとする民族的使命遂行に対する支那側の破壊工作膺懲の聖戦なりと断じ、事変勃発と共に挙国一致体制に参画し、過般の第七十一特別議会、第七十二臨時議会に於ても在来と態度を異にして政府提出の予算案並に各種の法律案にも協賛を与へ戦争遂行に萬遺憾なきことを期しているのであるが、固より無責任なる批判と敗戦主義的主張は絶対に排撃すべきは勿論にして、更に政府の政策を支持すると云ふ消極的態度に堕することなく政府の政策にして足らざるところはわが党の政策を以て補ひ、勤労大衆の総意を反映せしめたる眞の挙国一致体制を整へ、政府を鞭撻してこの千歳稀有の国難を突破せしむべし」（傍点筆者）

七月七日以来三ヶ月有余、社会大衆党は事変を聖戦と定義した。東洋永遠の平和を築くための聖戦とは、近衛政府の先を行くものと言えるであろう。この言葉は後々まで、つまり大東亜戦争期間中を通じてそれこそ〝魔語〟となるが、麻生の党こそ名付け親ではなかったか。こうして社会大衆党の性格を決定的にする、第六回党大会が華々しく開かれるのである。

十一月十五日、芝公園協調会館には朝から続々と党員、支持者がつめかけた。この大会は、社会大衆党の転向とも豹変とも評されることになる重要なイベントとなった。一体どういうことなのか。先ずはその意気込みを、機関紙社会大衆新聞はこう表現する。

「軍国の秋酣にして、国をあげて殉忠の精神に燃ゆるの時、我が党第六年度大会の開かれたるは、誠に重大なる意義ありと信ずる。我等また報公の志を新にし、外は皇軍将兵の武勲に酬い内は銃後国民の請託に答えんとす」

党はすでに現下の事態を聖戦と宣言した。だからかくなる文章も当然と言えようが、無産政党の声であることに驚く。当時の社会的雰囲気が伝わってくる。社会大衆党は、時流に合して何を議決しようというのか。その最大のものは、第八号議案―綱領政策の採用であった。

大会議長安部磯雄が提案説明者を指名した。起ち上がったのは、戦後初の社会党内閣総理となる片山哲であった。決断が鈍いとしてグズ哲のニックネームをもらったが、反面重々しさが信頼感を与えていた。新綱領は次の通りとして、片山はゆっくりとよく通る声で読みあげた。

一、我党は国体の本義に基き、日本国民の進歩発展を図り以て人類文化の向上を期す。

一、我党は勤労大衆を代表として資本主義を改革し以て産業計画化と国民生活安定を期す。

（傍点筆者）

片山は更に一言し、新綱領は従来のものを具体化した、飛躍的発展であると述べた。注目すべきは、〝国体の本義〟である。綱領という党の基本方針に、国体の本義を明文化したことこそ、無産政党からの転向と一般には受けとめられることになる。革新を放棄して、既成政党に変質したのではないかという批判も挙がることになる。国体の本義とは、日本が天皇制国家であるということだ。衆議院で確たる一角を占めて以来、社会大衆党は国家を強調し始めていた。非国家的政党という批判を乗り越えるためだ。その結果が、党大会での新綱領提案となって表われたのだ。議長安部の、「代議員諸君、ご異議ありませんか」との問いかけに、満場一致で決定したのであった。

最後に登壇したのが、戦後に右派社会党委員長を務めた河上丈太郎であった。一言所感を述べたいとして、やはり革新政党らしくこういう文句を吐いた。

「諸君、忘れてはならない。党の行方にはまだ平坦な道は開かれていない。大会の終わりは闘争の開始である」

　たちまち代議員席の後ろから大きな声が響く。

「発言者、言葉に注意！」

　河上は、臨席警官を無視して叫んだ。

「真実を目指して進む我等の上に加えられる災害ならば、共に枕を並べて死のうではないか。諸君、一層果敢なる闘争を望む」

　最後はやはり労働者の政党らしい発言で締めくくり、嵐のような拍手の内に大会は終わった。と思われたその時、二階の一般党員席から大声があがった。

「新綱領は中央幹部のファッショ化だ。これでは党は分裂するぞ」

「天下り的にこのような重大問題を決するとは、絶対に承服できないぞ」

「書記長の口から説明を求める」

　この日、ほとんど発言のなかった麻生が土壇場で登場した。

「質問者に対しお答えしよう。我が党の階級運動は、常に民族と国家と共にあることを先ず強調しておきたい。昭和十二年以前の段階にあっては、党の力は未だ弱く党勢拡大が第一であった。今は違う。国家を正面から見据えねばならんのですぞ」

　二階の声は一段と大きくなる。

「それはブルジョワに成り下がったということだ」

「政権欲にとりつかれているのか」

麻生はここでニッコリと笑った。

「君らは我が党が、永遠に批判党、反対党であることを望むのか。弁説のみの、議場の花となることを望むのか。我が党は、断じてその期待に沿うわけにはいかない。はっきり言っておくが、社会大衆党は政権を目指して躍進しつつあるのである。次の時代を我が党によって建設せんとする抱負を持っているのだ。政党は思想団体ではありませんぞ。批判家の集りでもない」

この党大会を機に、社会大衆党は国粋主義を鮮明にしてゆく。しかし社会主義を放棄したとは宣言していない。では国家社会主義か、となると未だ曖昧な部分がある。政府への全面協力を続ける社会大衆党に対する疑問は拭えず、万年東一の襲撃理由もそこにあった。

十二月十三日、中国戦線は首都南京が陥落。しかし絶好の機会であったトラウトマン工作を打ち切ったことで、戦争は出口の見えないまま続いてゆく。驚くべきことに、日本本土が中国軍機から空襲を受けるハプニングが現出した。ハプニングと言ったのは、敵機の落とした物が紙爆弾、伝単という宣伝物だったからである。昭和十三年五月、熊本上空に青天白日マークの爆撃機が現れ、紙爆弾を投下しながら宮崎まで侵入した。日頃から防空には力を入れていた日本だったが、まさかの事態に呆気にとられたままだったらしい。相手国の首都を占領しても戦争が終らないという、全く新しい現象に日本は直面していた。

日中両国は何故戦っているのか。日本は何を目標としているのか。大義名分とは何か。こうした素朴な疑問が国民の間に出てきた。麻生はこう答えている。「日中戦争は、日本と中国の国家同士の争いに非ず」と。それは蔣介石政権との戦争だと断言するのだ。なぜなら蔣介石は、欧米資本主義と手を組んでおり、中国人民とは遊離しているからだという。だから、「日本は断乎として自国のために、更に東洋民族のために蔣政権と戦わざるを得ない」となるのだ。日中戦争が、何か使命を持った避くべからざるものであるという考え方は、麻生の他にもみられた。文芸評論家の保田与重郎は言う。

「今や日本は一つの未来をもってゐるといふこと、それは日本の精神史を変革し、廿世紀の世界を変革する、大なる遠征が、北の大陸に行はれてゐるといふことである」

「我々は今こそさしあたり大陸を二百年確保することによって、再び世界文化の光栄をアジアにもち来るか、その課題をもっている」（『蒙疆』）

保田はこうした文章の故に、戦後の論壇から遠ざけられた。

麻生の戦争論の特徴は、現下の事態を国家革新的意義を持つ資本主義改革戦ととらえたことにある。支那事変の進むにつれて、資本主義改革の大きな流れが加速していると観る。彼は高らかに宣言するのだ。

「我社会大衆党が、今日、近衛内閣の与党的立場に立つ所以は、一近衛内閣の与党たるに非ずして、時代の与党となり来ったに外ならぬ」（『現代戦争の意義』）

果たして本当に資本主義の改革は進んでいるのであろうか。近衛総理は信頼するに足る人物であろうか。麻生は自らの理想実現のため、捨身の戦法を採ることになる。それは己の生命が、それほど長くないと覚ったからなのか。

社会大衆党解党は最後の「暴走」

〝時代の与党〟を高らかに宣言した麻生の党、即ち社会大衆党は何をしようとしていたか。昭和十三年六月に、次のように宣言して目標を定めていた。

「今日は長期戦体制下に在り、我国民は此の国家と民族の一大飛躍達成の為に、新たなる結果と団結とが要求されつつある。今こそ我国は国内に於ける総ゆる対立、派閥、相剋を廃絶して、真に全国民の強力なる挙国一致を達成せねばならない。我等は、この挙国一致の為に全国民の組織化を目標とする真の一大革新政党の出現を待望し、これが為己を空ふして努力せんとす」

（社会大衆新聞・昭和十三年六月十八日）

社会大衆党は前年の党大会で、麻生自ら政権獲得を目指すと大見得を切った。ではここでいう、一大革新政党を作って達成するというのであろうか。事実麻生は、この革新政党の結成に政治生命、否自身の命まで賭けることになる。頼みの綱は近衛であった。

二ヶ月前の四月、麻生は亀井貫一郎と共に近衛総理を訪ねた。双方は何を話し合ったのか。

「公爵、今日はひとつ政治についての我々の声をお聞きいただきたい」

近衛は名うての聞き上手だ。

「それは貴重です。私は京都大学で河上先生からマルクス主義を学びました。今日は実際の労働運動家である麻生さんから生の意見を聞けるとは、遠慮なく開陳ください」

「事変を一日も早く終らせねばなりません。それには国内での意見統一が必要です」

近衛は顔を曇らせた。

「意見をひとつにすると言っても、政友会あり民政党あり、それに麻生さんの党もあって、とても事変解決のための意見一致はむずかしいと思いますが」

今度は亀井がズバリと詰め寄った。

「公爵、新党樹立です。公爵を総裁とする新鮮な党を作ることによって、国内政治を一新するのです」

続いて麻生が熱弁を振るった。

「新時代を実現させねばなりません。新時代を作るためには既成政党では駄目です。近衛新党こそ唯一の道です」

近衛は膝を乗り出した。

「私の名前を冠することはともかくとして、ひとつ策を練ってみますか」

かくして社会大衆党は、近衛の同意を取りつけて新党運動を始めたわけである。

新しい政党を作るという目的は、近衛を党首にして絶対与党とすることであった。それによって内閣の施策をやりやすくする。それだけ近衛に対する信頼感、期待感が強かったわけである。しかし社会大衆党だけが任されたわけではなかった。実は様々な人物が画策したのだが、その策源地とも言うべき人物が秋山定輔であった。

秋山は明治の頃、二六新報という新聞の主筆であり代議士にも当選した。秋山の名を有名にしたのは、日露戦争前、その新聞の論調がロシアに宥和的であるとして露探とされたことだ。

露探とはロシアのスパイである。以来秋山は政治の表舞台から遠ざかり、政界の背後から様々な工作を行う策士として知られるようになった。今度の政界再編でも秋山は積極的に動き、政友会の前田米蔵、民政党では桜内幸雄といった首脳クラスを口説いた。

麻生にも働きかけたことはまちがいないが、麻生が新党について相談したのは亀井や三輪ではなかった。三多摩壮士の中溝多摩吉である。中溝は昭和十三年の初め、輩下を引き連れて政友会本部を占拠した男だ。政治運動家と言えようが、麻生がどうして中溝と会い相談相手としたのかは謎だ。麻生はこの頃より、一途に自己の信ずる一国一党という構想にのめりこんでゆく。

昭和十三年九月から十月にかけて、大陸の日本軍は電撃的に広東と漢口を攻略した。今度こそ中国の息の根を止めたと、誰もが思った。しかし蔣介石は、さらに奥地の重慶に臨時首都を移し、白旗をかかげる気配はみせなかった。こうしたなか、国内の新党運動は着実に進んでいた。近衛総理から依頼を受けた麻生は、大日本党部という構想をまとめた。この新党は、一国一党であること、国民の組織となること、東亜共同体論に基づくものというのが骨子になっている。東亜共同体とは、新人会出身の政治学者である蠟山政道が提唱したプランである。日本と中国だけではなく、広く東亜という経済圏を設定したもので、後の大東亜共栄圏の原型となった。大日本党部は独裁制を採用していたが、党の性格はあくまで前衛政党であった。幕僚長制という軍隊のような職制を採用し、秋山定輔が幕僚長、麻生政治部長、亀井宣伝部長であった。新党案はこの他、皇国日本党や大日本皇民会があった。大日本皇民会とは、近衛内閣内で浮上したプランであった。近衛はこれらのなかから自分の気に入ったものを採用すればよいはずであった。ところが決定的な時機に来て、この男の考えが変わったのである。

「従来の政党とあまり変らぬものを創っても仕方がないから止めます」

あまつさえ、近衛は総辞職の意向を固め翌年早々実行してしまう。理由は内外政策の行き詰まりだが、新党運動が満足のいく内容ではなかったのが第一であろう。大みそかの夕刻、近衛は秘書官や芸者を引き連れて銀ブラをしている。こうした破天荒さがファンを作るのだろうが、筆者からみれば責任棚上げのうえの忘年会としか思えない。麻生は近衛の狡さを見抜くべきであった。

昭和十四年九月、ドイツはポーランドを攻撃して欧州大戦が始まった。日本はこれを新秩序を作るための戦いととらえた。日本も新しい秩序のために何かを為さねばならぬ。そんな空気が漂い始めたが、時の阿部内閣は余りにも非力であった。麻生はこの一年は弱った心臓の療養にあてたが、昭和十五年が明けると故郷大分から上京した。一月某日、東京の自宅で来客と相対した。

「今度こそ新党を実現しなければならない。武藤章君の話では、いよいよ南京に新政権ができるそうだ。そうなれば、日本国内も新体制にならなければいかん。矢次君、その通りだろう」

「いや麻生さん、米内内閣はできたばかりではありませんか。新党運動なんて、ほんの一年前に消えたではありませんか」

「前回は船頭が多かったからさ。今度こそ国民組織の上に立った新党だ。近衛さんは不退転の決意でやるよ。去年、決起を促す手紙を出しておいた」

「麻生さん、あなたは近衛に惚れ過ぎているようだ。日本政治史上、公卿は言ってみれば狐です。内閣を投げ出して、芸者と一緒に銀ブラした人物ですよ。全面的に信ずるのは危険です」

「そこが人物の大きいところではないか。近衛と俺とは肝胆相照らしている」

矢次一夫

矢次一夫は口を酸っぱくして意見したが、麻生は自信満々であった。途中、麻生夫人が割って入った。麻生は心臓弁膜症だったのである。

翌二月、第七十五議会で民政党の斎藤隆夫議員が質問演説に起った。議会史上名高い、支那事変処理に関する質問演説である。斎藤が政府に向かって問い質したのは、事変処理の目途、時機、方法についてであった。こうした現実策を聞かずして、「唯徒に聖戦の美名に隠れて国民的犠牲を閑却」することはできないというわけである。総理大臣はこの時米内光政、陸軍大臣は畑俊六、陸軍軍務局長は武藤章であった。斎藤の演説は明らかに彼らに向けられていたが、内容をよく読むと、真に聖戦たらしめようという意志があふれている。

「現実に即せざる所の国策は真の国策にあらずして一種の空想であります」

「詰り力の伴わざる所の正義は弾丸なき大砲と同じ事である」

「国家競争は道理の競争ではない、正邪曲直の競争でもない。徹頭徹尾力の競争である」

「吾々が国家競争に向うに当りまして、徹頭徹尾自国本位であらねばならぬ。自国の力を養成し、自国の力を強化する、是より外に国家の向うべき途はないのであります」

東亜新秩序や東洋永遠の平和を言う前に、現実的解決を求めよと、斎藤は議場で訴えたのであった。

議会の反応はどうであったか。陸軍の一角から聖戦を冒瀆するものとの一声が起きるや、そうだそうだの大合唱となった。斎藤演説は懲罰委員会にかけられたのである。社会大衆党はこの問題をどうみたのか。社会大衆新聞は、その論説（「主張」という標題）で次のように述べた。

「議会再開の第二日目に起った斎藤隆夫氏の質問演説の如きは低調な時局認識の代表的のものであらうと思ふ。戦時中に斎藤氏の如き事犯を生じたのは偶々既成政党を中心とする時局認識の本音を暴露したものである。論者に依っては議会内に於ける言論自由の理由をもって斎藤氏を弁護せんとするものがあるが、これは戦時議会の意義を滅却するものと言はざるを得ない」

（社会大衆新聞・昭和十五年二月二十八日）

支那事変解決の具体策を問うた斎藤演説を、社会大衆党は、〝低調な時局認識の代表〟だと言っているのだ。これが、時代の与党の意見なのだ。斎藤隆夫は結局議員を除名された。この問題は、再び政界に再編運動を起こさせることになった。社会大衆党としても、議会の批判ばかりしているわけにもゆかず、国民組織の上に立つ政治勢力という持論を持って乗り出した。ここに麻生は病体を押して起つ。

四月、近衛、麻生、亀井、秋山の四者が集まった。亀井の備忘録によれば、「日支事件収拾

左から、今井武夫。汪兆銘、影佐禎昭

方針につき再議する」となっている。日中戦争は、いつ止むともわからぬ状態であったが、この頃和平近しを予想させる動きがあった。蔣介石を孤立させるべく、三月三十日に汪兆銘の南京政府が成立したが、それ以前から蔣介石側との接触が密かに進められていた。宋子良という、国民政府の要人である宋子文の弟と称する人物と、参謀本部の鈴木卓爾中佐による話し合いが、香港を舞台に行われていたのである。

武藤章軍務局長はこの年の始め、「今年はどうあっても事変を全面的に解決したい」と述べたが、発言の裏には交渉がかなり進んでいたことがあった。交渉がまとまれば、当然蔣政権と汪政権は合体となるが、この点両者ともに合意ができていたのかどうかはわからない。陸軍ではこれを桐工作と称し大きな期待をかけた。もうひとつ、日中双方を歩み寄らせたのが欧州情勢である。ドイツはたちまちの内に難攻不落と言われたマジノ線を突破、フランスは降伏しイギリスの運命も風前の灯火とみられた。欧州の地図が塗り変えられるとすれば、日本は早く東亜共同体を作らねばならない。中国にとって最大の後ろ盾であるイギリスが敗れれば、蔣介石も日本との和平に踏みきらねばならない。

麻生は近衛に奮起を促すべく、六月十四日に荻外荘を訪ねた。近衛夫人が敷いた床に臥せて対面した。

「今日の日本の難局を担当するために、再び貴下が登場する時機が到来しました。私の気持をもっと表現するならば、時節到来という月並みな言葉以上のものがあります。新体制確立のために、近衛さん、あなたが全責任を担い日本を生かすか殺すかの決心で軍とも体あたりで話を進めねばなりません。私自身も重大な決意を秘めています」

ここには何ら具体的な話はない。ひたすら近衛に出馬を求めているだけだ。麻生は近衛に全てを期待して、重大な決意を実行する胆だったのであろう。その決意とは何か。六月二十八日の党声明がそれを明らかにする

「日本の革新は広汎なりと誰も、国民の党の結成を以てはじまるは一片の疑いを容れない。われらはすでに新体制に待望するところあり、欣然党を解いてこれに参加すべきを声明したが、爰に率先解党を断行せんとす」（傍点筆者）

麻生は、手塩に掛けた我が子の如き社会大衆党を雲散霧消せしめようというのだ。

この声明は、わずか一週間後の七月六日に実行された。麻生を委員長とする社会大衆党は解

党した（斎藤問題への対応をめぐり安部磯雄らが離党したため麻生が委員長となった。書記長は三輪寿壮）。まだ新体制組織がどのようなものになるかわからず、政友会も民政党も存続していた。後日、日本から政党が消えてしまった時、それはわずか二ヶ月余り後なのだが、近衛らはこう嘆いた。

「死ぬまで解党するものかと頑張るほどの政党が一つ位あってもよいではないか。これだから政党は意気地なしと言われ、軍部からも馬鹿にされるのだ。情けないし淋しいではないか」

政党に対する叱咤だが、既成政党の変わり身の早さにも驚いている様がうかがえる。七月二十二日、近衛は第二次内閣を組織した。新体制運動の具体化はここから始まったのである。

解党の先鞭をつけた麻生の胸中は如何なるものだったのか。『麻生久伝』はその戦略を次のように要約している。社会大衆党を完全に統率下において、挙国新党で一切の政治勢力と最後の対決を決意したと。これでは文学的過ぎて何のことやらわからない。要は、〝挙国新党〟の姿が不明なのに、何故逸速く大胆な手段に出たのかということだ。筆者なりに考えをめぐらせば、社会主義実現への道ということだ。時代の与党を宣言した彼だが、与党とは資本主義擁護という意味ではなかったはずだ。社会主義、社会正義のための与党である。しかし眼前の事態は、誰も止められない近衛新体制、新党という流れである。社会大衆党ひとりが団結していても、結局は強制的に合流させられるであろう。党が生きる道は、進んで新党に合流し主導権を得ることだ。そのなかで自らの社会正義を実践すること、これこそが最後の対決という意味である。解党が第一、新党での社会主義が第二、二段階革命論と呼ばれる。麻生はこの路線を猛スピードで進んだ。そしてその結果を見ぬうち、九月六日急死した。享年五十。

このロマンあふれる革命家の最後の判断は、暴走だったと言わざるを得ない。新体制運動は、挙国新党に非ずして大政翼賛会という国民組織になった。これでは政党を無くした意味がない。社会大衆党は、先頭を切って政府に対する批判勢力を無にしてしまったのだ。政党内閣論は反動的主張に変ずると麻生は言ったが、まさに社会大衆党こそが政党解消という反動を演じたのだ。一本のローソクを消してしまったのだ。武藤章が期待をかけた、陸軍の桐工作はどうなったか。陸軍は次第に宋子良に疑問を持ち打ち切りを決定した。麻生は、第一次大戦終結のドイツを、日本で現出させようと考えていたという。事変を解決し、そして国内政治を一新させようというわけである。そのなかで社会主義の実現である。それは夢想であったが、麻生の眼には可能と映じた。麻生は解党に踏み切る時、周囲にこう信念を吐露している。

「君らはいつまで経っても常識的な見方しかできない。今は革命の前夜なのだよ」

永田鉄山との幻の密約

麻生は、革命近しを周囲に漏らしつつ絶命した。そして革命は成らず対米戦争への道を日本は辿った。この男は夢を見ていたのだろうか。人呼んで麻生久は阿呆久だという。確かに近衛内閣に社会主義実現を託したとすれば、〝阿呆久〟であろう。文人政治家らしい、それこそ世迷い言と評されよう。しかし麻生は大衆政治家である。〝革命〟と言うからには、何らかの目算があったのではなかろうか。彼がしばしば顔を合わせた陸軍の永田鉄山は、国家改造について次のように語っている。

「満洲事変は非常手段による偉大な破壊であり、また建設であるが、その建設は今なお中途にあって、今後の努力にまつものがすこぶる多い。自分は国家革新の理想を堅持するが、これには国家のあらゆる力を動員し、満洲建設の聖業と結び付けて着々その実現を期すべきであって、もはや単独少数の意思で破壊手段に訴えてまでこの実現を図らねばならぬ時機は去ったと思う」(『秘録・永田鉄山』)

永田鉄山

この意見は、永田が参謀本部第二部長の頃と思われるが、国家革新の理想なるものは、満洲事変のような非常手段は執らないと明言している。ということは、多数の合意を得つつ進めるということであり、そのパートナーとして麻生がいたというのだ。
この背景を証言している人物がいる。麻生の知恵袋とも言える亀井貫一郎だ。亀井の戦後のメモによれば、麻生と永田の間には密約があって、昭和七年から八年にかけて議論が熟したという。亀井はこう書き残している。
「昭和の初め以来の軍内の動きで、結局統帥権が完全に行政権の下に入っておらんということ、つまり永田君が一番はっきり伝えることは、軍内の統帥権の独立という憲法上の解釈は実は陸軍の自殺であったということだ」

見過ごすことのできぬ一文である。偉材永田鉄山は、統帥権が完全に行政権の下に入っていないことを問題視した。それは、陸軍の自殺であると言い切ったのだ。

統帥権の独立とは、帝国憲法第十一条「天皇ハ陸海軍ヲ統帥ス」から導き出されている。統帥権とは厳密には軍の作戦命令権であり、その最高位に天皇は位置する。実務機関として、陸軍の参謀本部と海軍の軍令部が存在し天皇と直接結ばれている。独立と称されるのは、内閣という最高の行政組織とは別に、天皇と直結しているラインがあるということだ。具体的にどういうことかと言えば、参謀本部と軍令部で作る作戦計画は、内閣で審議する必要はなかった。

日露戦争後の重要国策であった「帝国国防方針」もこの二機関で決められた。統帥権独立に異を唱えたのは、財政家の高橋是清である。高橋はすでに大正九年九月、「内外国策私見」のなかで次のように主張した。

「軍事上ノ機関カ内閣ト離レ行政官タル陸軍大臣ニモ属セス全然一国ノ政治圏外ニ待立シテ独立不羈ノ地位ヲ占メ夙ニ軍事上ノミナラス外交上ニ於テモ経済上ニ於テモ動モスレハ特殊ノ機関タラントス」

高橋は、参謀本部の廃止を求めたのである。

統帥権の独立という壁に守られた参謀本部と軍令部が、作戦という本来の任務に徹しておれば問題はさほど大きくはならないであろう。しかし行政事項や政治の分野にまで介入するとなると、二重政府のような状態となり複雑怪奇となる。シベリア出兵は四年余に及んだが、途中から何の為の出兵か目的がはっきりしなくなった。原内閣は早期に撤兵を行おうとしたが、現地派遣軍は反革命勢力を支援して居座りを続けた。参謀本部が領土的野心を持ったためである。戦闘の目的が達成されれば撤兵すべきところを、政府の意図に反して戦闘を継続した。領土という政治問題に、参謀本部が介入したのである。満洲事変は関東軍の越権であったが、参謀本部は積極的支援はしなかったが抑制手段を執って事実上追認した。心中、永田は事変は早過ぎると思ったはずだ。だから、今後は単独少数の意見で冒険的手段に出るのは止めるべきだと言ったのだろう。

麻生が永田と面識を持ったのは、昭和六年の三月事件以後のことだと思われる。二人は国家改造について意見を交わしたのだろう。麻生は社会主義を実現させるために、一方永田は国家総動員体制構築が目標である。両者には目指すゴールに食い違いがみられるとしても、その過程で一致した点があった。亀井はこう記す。

「結局、憲法改正案をもたなければ時局収拾できずという考えをもった。そこが山なんだ」

憲法改正が、麻生と永田の密約の眼目となろうか。ではどのような手続きを踏むのか。永田の言う、単独少数の意思に非ざる方法とは何か。そのひとつは、政党に理解を得るという方法だろう。そこで先ず社会大衆党に握手を求めたと考えられる。改憲の主軸は、統帥権独立の廃止、修正であろうことは推定できる。詳しいことは不明だが、麻生としても賛成できる中味だったのだろう。だが一旦はこの構想は頓挫した。思いもかけぬ永田の暗殺によってであった。永田亡きあと、武藤章との間に話し合いは引き継がれた。麻生は、自らの理想とする道が続いていると確信していたと思われる。亀井のメモは最後にこう書かれている。

「九月、麻生逝く
麻生逝きて、我国改憲革命の業、已に挫折す」

主要参照文献

■序章
大谷誠夫編『出兵論』国立国会図書館蔵。

日本史籍協会編『谷干城遺稿』第四巻、東京大学出版会、昭和四十五年。

宮内庁編『明治天皇紀・第八』吉川弘文館、昭和四十八年。

陸奥宗光著『新訂蹇蹇録』岩波文庫、昭和五十八年。

『東京朝日新聞』明治三十六年六月二十四日。

『国民之友』明治二十七年九月号。

■第一章
木戸日記研究会「鈴木貞一氏談話速記録」昭和三十八〜四十四年、国会図書館憲政資料室蔵。

「町野武馬政治談話録音速記録」昭和三十六年、国立国会図書館憲政資料室蔵。

「田中義一関係文書〈山口県文書館蔵〉」国立国会図書館憲政資料室蔵。

「小川平吉関係文書目録」国立国会図書館憲政資料室蔵。

「近衛文麿関係文書目録」国立国会図書館憲政資料室蔵。

「昭和二年十二月三十日満蒙ニ関スル外交報告」アジア歴史資料センター蔵。

「大正十年五月十三日閣議決定　満蒙ニ対スル政策」アジア歴史資料センター蔵。

「満州其他ノ警備方法ニ関スル外務陸軍係官会議要領」アジア歴史資料センター蔵。

「済南方面居留民保護ニ関スル件」アジア歴史資料センター蔵。

「萱野ニ関スル件（極秘）」アジア歴史資料センター蔵。

外務省編纂『日本外交文書　昭和期Ⅰ』平成元年。
山本四郎校訂『立憲政友会史』第六巻、日本図書センター、平成二年。
参謀本部編『昭和三年支那事変出兵史』巌南堂書店、昭和四十六年。
山浦貫一著『森恪』高山書院、昭和十八年。
田中義一伝記刊行会『田中義一伝記』原書房、昭和五十六年。
栗原健編著『対満蒙政策史の一面』原書房、昭和四十一年。
「満洲事変機密政略日誌」『現代史資料7満洲事変』みすず書房、平成十六年。
『蔣介石秘録8　日本帝国の陰謀』サンケイ新聞社出版局、昭和五十一年。
原奎一郎『原敬日記』第三巻、福村出版、平成十二年。
『幣原喜重郎』幣原平和財団、昭和三十年。
鈴木一編『鈴木貫太郎自伝』時事通信社、昭和六十年。
『伯爵伊東巳代治』晨亨会、昭和十三年。
橘川学著『秘録陸軍裏面史　将軍荒木の七十年』下巻、大和書房、昭和二十九年。
佐々木到一著『ある軍人の自伝』普通社、昭和三十八年。
和辻哲郎著『風土』岩波文庫、昭和五十四年。
田中秀雄編集・解説『もうひとつの南京事件』芙蓉書房出版、平成十八年。
森島守人著『陰謀・暗殺・軍刀』岩波書店、昭和二十五年。
有田八郎著『馬鹿八と人はいう』光和堂、昭和三十四年。
岡田益吉著『危ない昭和史』下、光人社、昭和五十六年。
有竹修二著『昭和の宰相』朝日新聞社、昭和四十二年。
木舎幾三郎著『政界五十年の舞台裏』政界往来社、昭和四十年。

崎村義郎著『萱野長知研究』高知市民図書館、平成八年。

時任英人著『犬養毅』論創社、平成三年。

福田恆存『言論の自由といふ事』新潮社、昭和四十八年。

落合莞爾「田中義一・蒋介石青山会談筆記録で読み解く張作霖暗殺の舞台裏」『新潮45』平成十九年八月号。

矢次一夫「陸軍軍務局の支配者」『文藝春秋』昭和二十九年臨時増刊号。

■第二章

「駐蘇広田大使暗殺未遂事件」外務省外交史料館蔵。

外務省「北支政権成立の経緯」アジア歴史資料センター蔵。

外務省「対支政策に就て」アジア歴史資料センター蔵。

「華北事件に関係する帝国対支政策の再検討」アジア歴史資料センター蔵。

「北支自治運動の推移」アジア歴史資料センター蔵。

「極秘所見及教訓」『片倉衷文書』国立国会図書館憲政資料室蔵。

『広田弘毅』広田弘毅伝記刊行会、昭和四十一年。

堀場一雄著『支那事変戦争指導史』時事通信社、昭和三十七年。

守島康彦著『昭和の動乱と守島伍郎の生涯』葦書房、昭和六十年。

『天羽英二日記・資料集　第二巻（日記編）』天羽英二日記・資料集刊行会、平成元年。

伊藤隆・劉傑編『石射猪太郎日記』中央公論社、平成五年。

『風見章日記・関係資料一九三六―一九四七』みすず書房、平成二十年。

『日本外交史・日華事変（下）』鹿島研究所出版会、昭和四十六年。

外務省編纂『日本外交文書　昭和期Ⅱ　第一部第四巻上』平成十八年。

久保田大佐「天津鎖聞」『現代史資料8日中戦争（1）』みすず書房、平成十六年。

宮武剛著『遠藤三郎日記』毎日新聞社、昭和六十一年。

小磯国昭著『葛山鴻爪』小磯国昭自叙伝刊行会、昭和三十八年。

「関東軍参謀部第二課、機密作戦日誌」『現代史資料7満洲事変』みすず書房、平成十六年。

河野恒吉著『国史の最黒点』上、時事通信社、昭和三十八年。

姫野徳一著『北支の政情』日支問題研究会、昭和十一年。

寺平忠輔著『日本の悲劇・蘆溝橋事件』読売新聞社、昭和四十五年。

有竹修二著『昭和経済側面史』河出書房、昭和二十七年。

上法快男著『陸軍省軍務局』芙蓉書房、昭和五十四年。

草柳大蔵著『斎藤隆夫かく戦えり』グラフ社、平成十八年。

高橋正衛著『昭和の軍閥』講談社、平成十五年。

大杉一雄著『日中戦争への道』講談社、平成十九年。

矢次一夫著『昭和動乱私史』経済往来社、昭和四十六年。

服部龍二著『広田弘毅』中央公論新社、平成二十年。

栗原健「昭和外交における佐藤尚武大使の一面」『軍事史学』第三十三号、昭和四十八年。

小野田摂子「蒋介石政権とドイツ和平調停（Ⅱ）」『政治経済史学』三五五号、平成八年。

高田万亀子「トラウトマン工作と参謀本部和平派」『政治経済史学』一四六号、昭和六十一年。

「元盧溝橋守備隊長金振中回想」『中央公論』昭和六十二年十二月号。

■第三章

内政史研究会「安部源基氏談話速記録」国立国会図書館憲政資料室蔵。

「満州事変に対する無産政党其他の態度」アジア歴史資料センター蔵。

「国防の本義と其強化の提唱」アジア歴史資料センター蔵。

「五十年ゴム風船を追って」『亀井貫一郎文書目録』国立国会図書館憲政資料室蔵。

「内外国策私見」『小川平吉関係文書目録』国立国会図書館憲政資料室蔵。

「田中清少佐手記」『現代史資料4国家主義運動1』みすず書房、平成十六年。

麻生久伝刊行委員会編『麻生久伝』昭和三十三年。

麻生久「一九一七年前後」『新社会的秩序へ・棚橋小虎紀念論集』同人者書店、大正十一年。

麻生久著『濁流に泳ぐ』海口書店、昭和二十一年。

麻生久著『現代戦争の意義』社会大衆党出版部　昭和十三年。

思想の科学研究会編『共同研究　転向・上』平凡社、昭和三十四年。

赤松克麿著『日本社会運動史』岩波新書、昭和二十七年。

三輪寿壮伝記刊行会編『三輪寿壮の生涯』昭和四十一年。

中野雅夫著『昭和史の原点』講談社、昭和四十七年。

三宅正一著『激動期の日本社会運動史』現代評論社、昭和四十八年。

山本知恵著『山の動く日きたる　評伝与謝野晶子』大月書店、昭和六十一年。

保田興重郎著「蒙疆」『風景と歴史』天理時報社、昭和十七年。

永田鉄山刊行会編『秘録・永田鉄山』芙蓉書房、昭和四十七年。

吉見義明「社会大衆党の方向転換」『歴史公論』昭和五十一年六月号。

岡本宏「満州事変と無産政党」『国際政治』四十三号、昭和四十五年。

成田喜一郎「社会大衆党における新党運動―東方会との合同問題を中心に―」『歴史評論』昭和五十三年十月号。

野村重太郎「新党運動を裸にする」『中央公論』昭和十三年十二月号。
麻生久「革新期日本の展望」『改造』昭和十二年六月号。
『季刊現代史』第七号、現代史の会、昭和五十一年。
「社会大衆新聞」法政大学大原社会問題研究所蔵。
「大阪朝日新聞」大正七年八月二十六日。

著　者
篠原昌人（しのはら　まさと）
1954年栃木県生れ。1976年学習院大学法学部卒業後、㈱フジテレビジョン入社。報道局、電波企画室、総務局適正業務推進室を経て退職。現在、(公財)国策研究会幹事。
著書に、『知謀の人　田村怡与造』(光人社)、『戦場の人間学　旅団長に見る失敗と成功の研究』(光人社)、『陸軍戦略の先駆者　小川又次』（芙蓉書房出版)、『陸軍大将福島安正と情報戦略』（芙蓉書房出版）がある。

戦前政治家《せんぜんせいじか》の暴走《ぼうそう》
——誤った判断が招いた戦争への道

2014年 3月21日　第１刷発行

著　者
篠原《しのはら》 昌人《まさと》

発行所
㈱芙蓉書房出版
（代表 平澤公裕）
〒113-0033東京都文京区本郷3-3-13
TEL 03-3813-4466　FAX 03-3813-4615
http://www.fuyoshobo.co.jp

印刷・製本／モリモト印刷

ISBN978-4-8295-0614-1